PATIENTS

我要再次享用生命

大肢病體
Grand Corps Malade／著
黃琪雯／譯

國內外名家感動推薦

陳寧（《15度的勇敢：塵燃女孩的900天告白》作者）——

「這個世界呼吸同樣的空氣，但不是所有人都能有著同樣的方便。」

作者以自嘲的幽默態度，還原與我相似的燒燙傷病房回憶，一個夢想最多的二十歲，跳進的不只是清澈泳池的底部，還躍進了身體自主權喪失的世界。有的傷友因為開車睡著了、摩托車意外而造成不可逆的偏癱或全身癱瘓，世間找不到遙控器！為我們快轉回畫面崩毀的一瞬間。

當某天你與我們擦肩了，或許會認為傷殘者是沒有過去、未來與獨特性的，不過本書卻充滿了各種隙縫，透著鮮明與寂寥的光，描繪每個傷者在限制的軀殼中，如何無盡的訴說。

陳品皓（好日子心理治療所執行長，作家）——

我們大部分的時候，在生命中活著，同時也疏離著，唯有這種習以為常的連續性狀態出現真空的斷裂時，我們才得以在這種斷裂的深淵中觸碰到生命的質地。

在本書的字裡行間中，透過作者對存在的韌性與呼喚，讓我們得以貼近生命的本質。這是一本值得你我細細咀嚼的佳作，由衷的推薦。

法國《新觀察家》雜誌——

大肢病體以幽默的風格和令人振奮的文字，成功地將恐懼描述出來。

《巴黎人》日報——

一首優美的生命頌歌！

法國《青年讀物》雜誌——

大肢病體的文字讓我們又哭又笑！他完全展現出特有的謙遜、細膩、詩意，以及令人迷倒的風趣。

法國「沃斯托克」廣播——

在這段與殘疾拚鬥的歷程中，我們讀到了令人動容的愛情、堅韌的友誼，和美好的相遇。

《巴黎競賽》畫報——

太奇妙了！在大肢病體的筆下，每個沮喪的時刻竟都變得豐富而多彩。

西班牙《Coolture》雜誌——

一堂充滿活力與自我省悟的生命課程。

比利時 RTBF 廣播電視台——

《我要再次享用生命》突顯了我們害怕面對的題目：殘疾。作者以精確的描述，加上他靦腆和幽默的語氣，為讀者開啟嶄新的視野。

魯歐，馬賽讀者——

每個人都應該看一本這樣的書，來明白依賴輪椅生活的人，我們能夠想像，但我們的想像往往與現實有很大的差距。這本書讓我得以面對現實——相當堅難的現實。

亞里安娜，巴黎讀者——

讀這本書的時候，讓我回到了我以為已經消失的舊記憶之中。那些時刻、面容和氣味……這是多麼勵志的生活見證。我笑、我打哆嗦……看著看著，眼淚竟然就不自覺流下來了。

瑪麗弗．蘭德，波爾多讀者——

他把我帶到了歡笑、淚流滿面和無所不在的痛苦之間，深深的感動。

L．伊夫琳，巴黎讀者——

多美好的人生課題，反映出我們生活中問題的渺小。我真心推薦那些無緣無故抱怨的人，都應該讀這本書。

丹尼爾，里昂讀者——

這本書相當揪心！我的弟弟目前處於相同的情況，這本書讓我能夠更站在他的立場，理解他每天都忍受些什麼。

蘇，巴黎讀者——

這本書讓我相當感動。作者的詞語觸動了我，他時常透過幽默來開啟痛苦不堪的情況，讓我發現一個我所不知道的世界——也就是殘疾的世界。

迪迪埃，圖盧茲讀者——

我們讀著作家的文字，既是人性的脆弱、生命皺褶中的微笑面具，也是生命中美麗的篇章。

目錄

第六感

——歌詞，收錄於大肢病體專輯《正午二十》

美麗的夜晚，溫熱的空氣，星星注視著我們。
此時，我們去愛、去欣賞我們最美好的假日。
平靜的生活，清朗的氣候，時間正值午夜兩點。
帶著微笑的我們，分享我們無憂無慮的時日。

就在現實選擇的這一刻，在象牙塔裡面。
現實展現它的決定，展現它是否對我們有意虐待。
它在我們喜悅當中注射的物質，讓我們麻醉。
你要記得這些微笑；這些微笑不會再有了。

時間突然加速，我的未來完全顛覆。
想望、計畫、回憶，我的腦中有太多的想法相互擠壓。

衝擊只維持一秒，卻沒有人可以對此不在乎。

「你們的兒子再也沒辦法走路了。」他們如此告訴我的爸媽。

於是，我在內心發現了一個平行的世界。

一個人們看你的眼光帶有尷尬或同情的世界。

一個獨立自主是不切實際的目標的世界。

一個我並未真正在意但依然存在的世界。

這個世界以自己的節奏生活，同樣也沒有操勞心煩之事。

憂鬱擁有另一種面貌，絕佳的消遣或許只是一時半刻的平凡。

這個世界呼吸同樣的空氣，但不是所有人都能有著同樣的方便。

它有一個名字，叫：殘障。這名字讓人害怕，也可能讓人討厭。

我們花時間接受這個字；但我們接受它，竟是出自它的強迫，法語選擇了這個詞，而我卻沒有其他的選擇。
你只要記得那不是一種侮辱，我們所有人都走在同一條路上，
每個人高聲吶喊，殘障人士也是人，就和我們一樣。

那為何面對坐輪椅的傢伙要如此尷尬，
而面對一個盲人，你卻可以和他正常說話。
這又不會傳染，但在我還未重新踏出第一步時，
知道有人像我一樣，明白著有些眼光在心裡永遠會被記住。

或許這是一個由規矩、沉默、對抗所組成的世界，
由脆弱的平衡，風暴中的鳥兒所組成的世界，
一條筆直的界線劃在苦難與盼望之間，
這尤其是個勇敢的世界，只要你稍微睜眼就能看見。

當生理的虛弱變成一種精神力量，
當最為脆弱的人知道何時、如何與何處，
當微笑的欲望重新成為生命的本能，
當我們明白精力不是只能從行動中展現。

偶爾，我們會測試、考驗我們的適應力，
殘障者的五感受損，但第六感使他們獲得釋放，
強過所有，毫無拘束，超越毅力，
這種顯示出的第六感，其實就只是活著的欲望。

我睡得安詳

——歌詞，收錄於大肢病體專輯《正午二十》

我觀察到，痛苦是靈感最好的源頭，
往昔的陰影地帶將導引著我的筆尖。
憤怒與困苦都是具生產力的情感，
催生出有力量的主題，儘管有些過於老生常談。
總以為交託出自身的痛苦與尖叫比較簡單，
但一眨眼，悲傷的文章竟已寫完。
我們隨心於紙上書寫，隱喻用得過多，
殺不死我們的，必會使我們更強，這我已對你說過。
因此，今天我決定改變主題，
親吻第一個前來的混蛋，對他說「我愛你」。
生氣蓬勃的歌詞，充滿渴望的押韻，

我看見，我想要，我活著，我去，我來，我興奮。
這或許是篇過於天真的文章，但卻充滿著我的真誠，
是我與一位名叫寧靜的女朋友一起寫成。
你說生命艱難，我的想法也一樣，
只是我的概念依然單純，我睡得安詳。

當然，我們走在一條繩索上，每個命運都是場謬誤，
存在就如同頸椎的不穩固狀態。
不能說他們在說謊，有時，你真的會受傷，
可是每個該死的人生，總有許多勝場。
我喜歡聽，喜歡說，我喜歡展現，喜歡看
我喜歡學習、分享，只要有交流，就有期盼。
我喜歡人，我喜歡風，我就是這樣，不演戲，只做自己，
我會想望，我會熱，會渴會餓會焦急，我也會勃起。

我希望你跟隨，我所說的毫不帶偏見，
當我閉上眼，是為了讓宇宙拓展得更全面。
這並非宗教，只是一種心緒狀態，
我還有許多事情可做，就在此時此刻，我瞭解了。
每個平凡短暫的時光，我都能好好把握
生命之中，我有太多喜悅時刻，但無法一一述說。
夏天時，我感覺生氣蓬勃，冬天也一樣。
我的眼神時時保持銳利，而我睡得安詳。

最幸運的人並不是我，然而我也不比別人可憐，
我瞭解遊戲規則，我的生活由我自己彩繪鮮豔。
我會增添大量色彩，讓它變得歡樂多多
當我望向窗外，我看見水泥盛開出花朵。
我想要待在大海邊，置身市中心，

想看尼羅河三角洲，想給我媽媽一個親親。
我想要與家人共處，與人相識，
我有讓自己寧靜的方法，到了現在我才知道我是如此。
寫勵志小品？我並不想要，
不過一旦我的心情好，連我的筆都對我微笑。
我問自己是否有權可以不叛逆，
可以撰寫詩歌頌詠人生美麗。
若你嘲笑我，我不會在乎，有時，我自覺無懈可擊，
因為我全然平靜，不會隨時暴發怒氣。
生命免費，我要再次享用，你也可以這樣。
我微笑入睡，我睡得安詳。
生命免費，我要再次享用，你也可以這樣。
我微笑入睡，我睡得安詳。

PATIENTS

我要再次享用生命

書中人物如有雷同，並非巧合，而是出於我本人的記憶。
唯某些人物為保護其隱私與避免困擾，故更動其名。

1

我想吐。

對我來說，搭乘交通工具向來都是苦差事，無論哪一種都一樣。我會暈船——當然。可是我也會暈機、暈車、暈這暈那的，所以呢，逆著車子行進的方向躺著，對我來說可真是受罪啊。

在八月十一日的這一天，救護車裡的溫度應該有三十五度。我雖然滿身汗，不過在我上方忙著的那個護理員，汗流得可是比我還多。我看著他操弄著管子、小袋子，還有許多奇怪的東西，汗水從他臉上滑落到了下巴，凝結成一顆又一顆的噁心水珠。

§

我才剛出院，離開住了幾個星期的加護病房。這一天，他們要把我轉到一間大型的復健中心，各種嚴重傷殘的病患全集中在那兒：四肢癱瘓、半身不遂、頭部創傷、截肢、嚴重燒燙傷……總之，我感覺那裡有得玩了。

引擎終於停下來了。後門開了，接下來，一個接一個的動作，都在某種緊急的氛圍當中依次不斷進行。我感覺我躺著的擔架床滑出了救護車。陽光直接照著我的臉，讓我沒辦法睜開眼睛，好似有人壓住了我的眼皮。我與太陽已經有一個月的時間沒有這樣相見了，而我們倆的重逢還真有些熱烈。

護理員踩著堅定的步伐，推著擔架床，穿過了一道門。一進入這棟新的建築，我終於感覺到些許涼意。我們走過了一條條長得像是沒有盡頭的走道，天花板上固定的日光燈，輪番閃過眼前。護理員停下腳步。我等待著。沒見過的人朝我彎下身子，向我打招呼，然後我們重新出發了！我們一行人進入一個與餐廳差不多大小的電梯裡，再次穿過不同、而且更長的走道。我覺得這間中心的建築師肯定打從很小的時候就熱愛走道，不過我們最後還是抵達了一間房間——它在接下來的幾個月當中，應該就是我的房間。兩位護理員前來協助將我搬上床。為此，他們將手伸進我的身體下方，高聲齊喊：「一、二——三！」三人將我一把抬起，往床上放。我在《急診室的春天》影集看過醫護人員這樣做。只不過這一次，影集中的人物是我……我待在急診室已經有一個月了。

我細細感受著新床單與床鋪的清爽，探索著新的天花板。

得知道，當你全身不能動地仰躺著，你極目所見的，就只有所在房間的天花板，以及那些體貼彎下身子、與你說話的人的那張臉。

加護病房天花板的顏色，是泛白的黃色……我的意思是，我認為它的底色原來是白色的，只是看太多嘴裡插滿管子，正在受苦受難的傢伙，所以疲乏了吧。

對於我的加護病房天花板，無論是哪處細節、哪道痕跡、哪片油漆的剝落斑駁，我都再熟悉不過了。那片天花板上，有一盞日光燈被一大張方形的金屬網格掩蓋住。那張網格總共由四百八十四個小方格所組成。為了確認數目，我可是算了不少次。在加護病房當中，只要意識清楚的話，就有時間做不少重要的事情。

現在，我的新天花板比較白，距離我也比較近。我正躺在一間真正的房間裡……一間我專屬的房間。

我的爸媽開車跟在救護車後頭過來。在他們之後，還有三個人先後來探望我。這三個人在我的復健治療當中是不可或缺的人物。他們分別是：主治醫師、職能治療師與物理治療師。他們每個人用自己的方式，對我進行簡略的聽診，並且用幾個字解釋他們的職責，以及未來的進行模式。

在這種情況下，儘管我們有信心，但對未來——甚至是離現在最近的未來，我們並不多想；畢竟從一個月前，我就忙著尋求（其實經常是白費力氣）立即的身體舒適，也被現在這些不可預測性的問題所困擾，以至於無法顧及未來。這種行動能力的缺損，將對身體引發幾乎永久性的不適——不能移動手臂的時候，是要怎麼搔眉毛呢？

簡而言之，在這當下，明天或是後天所會發生的事情，是我最不煩惱的事情。我的這一天並不好過，整整兩個小時當中，我一直想吐，而且整趟路當中，還有一個胖護理員的汗珠滴在我身上……

所以呢，我希望大家都別來吵我，畢竟在這麼這麼短的時間，獲得的訊息與接觸到的新鮮事對我來說，實在太多太多了。

尤其是我還有個新的天花板……

2

第一天大清早，我認識了每天早上負責照顧我的護理員。

他是一名個頭小的男子，年紀約四十多歲（也或許是五十歲吧）。

他叫艾涅斯特，是安地列斯人，別人立刻向我介紹他是這個樓層最好的護理員。他們說，他「非常溫柔」……

非常溫柔？我不大懂他們為何要跟我說這個。我才不在乎他溫不溫柔，我們又不是來這裡互相磨蹭的！難道我們會有那麼多的事情需要共同分享？

好吧，在復健中心的第一個早晨，當太陽在窗戶的另一側從容地升起，我很快地察覺到：沒錯，我們的確有很多事情需要共同分擔。而且，我們離互相磨蹭也不遠。

管理我每日晨間生活的人是艾涅斯特，在幾天當中，我們的親密程度超乎我所有想像。

總之，他很溫柔也算是好事。

護理師與他照顧的全癱有必要建立起一種相互馴服的關係。艾涅斯特這個人並不會貿然地靠近你。他會先拉開百葉窗，把早餐放在附滾輪的小桌子上，再推到我面前。接著，他將床頭調高一點點（我開始有權可以坐起來），然後在我的床邊坐下，餵我吃東西。是的，你們當中所有不曾四肢癱瘓過的落伍傢伙，要知道對一個全癱的人來說，獨力吃東西就跟一般人飛起來那樣容易。

得在每一口食物之間，找尋到適合的節奏；也得在每一口飲料之間，找到好的傾斜角度。每一個動作，都比你自己動手還多花上兩到三倍的時間。一開始，我覺得很尷尬，幾乎他每餵我一口，我便謝他一次。不過我很快體會到，這種過多的感激反而會拉長用早餐的時間，而艾涅斯特自己也不在乎別人謝不謝他。

§

艾涅斯特的話不多，就只是做事而已。他臉上淺淺的笑容，令人感覺安心，是個很好的人，但僅止於此。他不會對你說笑，或拍拍你的背，告訴你他前一天晚上做了什麼。他沒時間。他在那裡是為了照顧你，而他也身手靈巧地做得很好。他會拿捏自己的每個動作，你會有種感覺，彷彿他重複這些相同的動作已經有好多年了。

早餐之後，是「去」廁所的最佳時機。我用這個「去」字有點太重，畢竟整個過程都是在床上進行的——當然，床單被子有拋棄式的墊子保護。他們讓你的身體側躺，雙腿屈起（當你已經平躺一個月時，這種感覺真的超舒服的）呈胎兒睡姿。由於你的肌肉能力程度沒辦法讓你做出「推擠」的動作，他們於是會把一個小小的浣腸——一種栓劑——塞進你的身體，二十分鐘之後，護理員或是護士，妥善戴好拋棄式手套，幫你排出所有需要排出的東西（這段內容，需避開用餐時間閱讀）。

§

一天當中最重要的時刻結束了之後，就是洗澡的時間。可是這間復健中心的洗澡方式，在此之前，我還真的不曾體驗過。

艾涅斯特脫了我的衣服，在另一個護理員的協助之下，把我抬上一張擔架床「一、二——三！」

這個擔架床有點特別：全藍，還套著一層防水塑膠材質的東西。當我一躺在這個新的交通工具上，艾涅斯特便幫我蓋上一條大毛巾，好讓我不會太冷，接著，他推著我往浴室的方向，在一條條的走道上散步。我們終於到了。這間浴室的大小，至少和電梯間差不多，就與飯廳一樣大。這是我猜的，因為從我躺著的位置，我主要看見的是牆壁上方與天花板。這間浴室很陰暗，光線混濁。牆上的小小方格，顏色是死氣沉沉的棕，而且一點也不暖，就像聖但尼[1]舊時的市立游泳池那幾間令人無力的老舊淋浴間。以前在那裡，我們總是在如細線般的溫水底下冷得直打哆嗦。

艾涅斯特把擔架床固定在浴室正中央，先是拿開蓋在我身上的大毛巾，接著抓起蓮蓬頭、一雙手套、一塊肥皂，然後就開始幫我洗澡了。我就說我和我的小艾涅斯特會很親密吧！

他仔仔細細地清洗著我身體的每一處，過程中不帶任何情感，接著幫我刷牙。在聖但尼游泳池的淋浴間當中，躺在擔架床上讓人幫忙刷牙，這真是種奇妙的感覺……不過沒有時間思考這個狀況，因為艾涅斯特已經開口問需不需要替我刮鬍子。我先是猶豫了一會兒，而後拒絕。留一點新鮮事給明天吧。

艾涅斯特替我擦乾身體，帶我回房間。在把我重新放上床之前，是替我穿衣服的時間。就只是幫我套上衣服，對我們倆來說卻是件苦差事，因為我沒辦法做任

1 法國法蘭西島大區塞納-聖但尼省的一個鎮，位於巴黎北部郊區。

何輔助他的動作。整個過程就像是替洋娃娃穿衣服，只不過，眼前的這個洋娃娃有一百九十公分高。

當我們完成這場穿衣考驗之後，一名新的護理員過來幫忙把我抬上床（「一、二、三！」）。

艾涅斯特，謝謝你，明天見。

早餐時間與去廁所的時間都是半小時，洗澡與穿衣的時間比起來肯定更多一點。我感覺自己好像跑了一場馬拉松。我都已經精疲力盡，可是現在才九點半。不過就另一方面而言，這裡起碼有事可做。我在加護病房實在無聊死了！我慢慢地順過氣來，然後開始回想早上發生的事情。

在復健中心的生活看來會很奇怪。那我還在這裡做什麼呀？這全新日常生活的超現實面，減輕了我心裡因情勢所迫，而完全失去隱私、甚至尊嚴的痛苦。

我發覺了一種昨天的我尚未認識的喜悅。那是零自主、完全依賴身邊人之類的喜悅。

讓整個情況堪稱滿意的原因，是艾涅斯特具專業特質的動作。我感覺他是以自動化的方式執行每個動作，而且他的態度並不帶任何情感。他重複同樣動作的時間已經太久，而且在我之前，他那雙專業級的手已經照顧過太多的身體，所以我的尷尬也消失得很快。總而言之，在人類無與倫比的適應能力作用之下，隨著時日過去，艾涅斯特對我所做的任何動作，於我而言，逐漸變得熟悉，甚至自然了。

3

我的房間位於復健中心的某個側廳二樓。

所有男性病患的寢室呈一直線聚集在這條又大又長的走道上。那些病患發生意外的時間，從幾個星期到幾個月前都有，而且都因此半身不遂（身體下部麻痺）或是四肢癱瘓（四肢麻痺，或是更詳細一點：身體頸部以下所有肌肉麻痺）。

大部分睡在這個樓層的人，行動能力都不會再恢復了。他們再也不能站起來，所以在這種情況之下，復健的內容就在於使他們僅剩的少許行動能力獲得最大的發揮，讓日常的動作——像是坐輪椅移動、從輪椅到床上或是從床上到輪椅、用適合的餐具吃喝等等——可以獲得一點點自主。

這個時期也讓他們可以「為後續做準備」，意思就是為離開復健中心之後的住所做安排。這對手頭寬裕、或是在意外後拿到不少保險金的人來說，可以在自己的房子或公寓進行改造工程，以適合這個全新的輪椅人生；或是為自己聘僱看護。不過最常見的，還是尋找終生癱瘓者的專門安置機構。

因此這裡有一個完整的社會服務處，針對上述行動所衍生的文件查核，為病患提供協助。

至於我呢，我變成「四肢不完全癱瘓」，是因為在水不夠深的游泳池跳水，結果入水的角度太過垂直，使得頭部直接撞上泳池底部。我的頭顱輕微摔裂，但是比這還嚴重的是，撞擊造成了頸椎骨折，而斷裂的頸椎骨刺入了脊髓。

我原先以為，這麼白癡的意外，全世界除了我之外，大概沒有幾個人會遇上，但是我很快就明白，那樣的意外其實很常見，甚至聽說跳水意外（在游泳池、河、海洋）是繼道路意外，第二個造成四肢癱瘓的主因。後來，在我進行復健期間，我還遇見過三個男的因為這種不當跳水而吃上苦頭。

§

我這樣的「四肢不完全癱瘓」，指的就是身體某部分（以我來說，是手部、腿部與左腳的某些肌肉）能夠重新活動的四肢癱瘓者。四肢不完全癱瘓意味著進步可能到此為止，或是一直持續到行動能力幾乎完全恢復，因此預後[2]沒辦法確認。

我第一次能動，是已經在加護病房躺了兩個星期之後。那是某天早上，我發覺自己能夠搖動左腳的大拇趾。而這個重大發現，我當然無法親眼證實，只好找來一位護士幫忙。

於是在接下來每五分鐘，我便搖搖我的大拇趾，確保自己能夠做到這個小動作。我幾乎可以說，這個地球上應該沒有人會這麼開心搖動自己的腳趾了。醫生於是告訴我爸媽，如此一來，就沒有辦法做出確切的診斷，而且也不能再斷言我沒有復原的希望……事實上，直到這天早上之前，醫生對我的狀況一直很悲觀，

2 醫學名詞。指根據病人當前狀況來推估未來經過治療後可能的結果。

甚至向我爸媽宣告，我再也不能走路了。不過，沒有人告訴我這件事。

這段插曲發生的兩個星期之後，雖然沒有明顯的進步，但是希望依然還在。我清楚知道沒有人敢預言我的未來，雖然我對自己還算有信心；但我也避免去想最糟的情況，並且對於自己的進展，抱持著隨緣的心態。

我所在的這一側走道只有單人房，這些單人房專門讓新病患，以及最缺乏自主、需要最多照顧的病患入住。

另一側就是雙人或四人房了。住在裡頭的是來中心已經有一段時間，並且開始能夠設法做到某些動作的病患。他們可以自己坐著輪椅移動，某些人還能夠從床上自行坐上輪椅，也有人甚至無需他人協助便能自行洗澡。

在我來到中心的前幾天，很少有人推我出去，因為我採坐姿的時候，很容易累，況且我也很難坐得起來。只要有人把床頭調得太高，或是把我搬上輪椅，我就會暈眩。他們對我說那很正常。當一個人躺得太久之後，如果立起身體，血壓就會快速下降。於是他們在嘗試讓我坐上輪椅的十五分鐘前，會讓我先吞下藥劑，並且穿上彈性襪（顏色是白色或是膚色的絲襪，穿起來非常緊身，長度可以拉到大腿最上面，簡直是讓人一整個遜掉的東西）。而最令人難以接受的是，我夢想坐起來都已經夢想一個月了，可是只要我一坐著，滿腦子就只會想著要躺下。

這個直立的麻煩事費了我很大的功夫：我花了超過一年的時間，才完全解決這些問題。

由於我經常躺在床上，而且每次的復健時間都很短，因此我和中心其他病患的初次見面地點，都是在我的房裡。

§

偶爾，會有幾個好奇的病患過來見見新來的人。

第一個是尼古拉。都還沒看見他進我房間，我便聽見有人連續撞門和牆撞了三十秒。我心想，到底在搞什麼鬼，怎麼連門都沒辦法進來。我腦子裡甚至突然閃過一個念頭：這個想要過來看我的人，不但癱瘓，還是個瞎子——結果不是，尼古拉沒有瞎，他只是在努力解決困難而已：因為趴著的他，試著自行操控他的擔架床。

他對我說：「你好！」

「你好。」

「都還好嗎？」

「嗯。」

「你叫什麼名字？」

「法比安。」

「我叫尼古拉。呃……歡迎來到你家。」

這個人有神經病。他為什麼跟我這麼說？這裡才不是我家。我只是過客而已，要是順利的話，幾個星期之後，我人就跑了。我才不是殘障，我這個樣子只是暫時而已，只要度過這段運氣不好的時期就沒事了……

「好，謝謝……你到這裡很久了嗎？」

「沒有，才兩個星期而已，而且也不會待得太久。」

「你怎麼了？怎麼趴著？」

「我的屁股上有焦痂[3]，我得去治療了。我再過來看你。拜！」

擔架床上的尼古拉開始試著瞎倒退。他猛撞門撞了十幾次，最後終於消失。要是他再來多看我幾次，我房間入口處就得重新粉刷、油漆了。

§

3 覆蓋在傷口表面，如皮革狀的壞死組織。

我不大明白他前來拜訪的意義。那肯定不是為了表示禮貌，不過，他的神情十分不耐，幾乎可以說是不屑，所以我不覺得他很親切。他看我的方式，真的就好像我是這層樓的菜鳥，什麼都不懂，而他卻什麼都懂。他知道他在這裡的目的，也知道我在這裡做什麼，他知道有什麼正在等著我……我可能有點妄想症吧，人家過來看我怎麼說都是好意。可是我不明白他怎麼走得那麼急，而且我也不明白他的屁股上到底有什麼。

這是我生平第一次聽見「焦痂」這個詞，不過不用多久，這個詞就變得耳熟能詳。在中心的時候，我幾乎每天都會聽見這個詞。

長期不動的人，最怕的就是焦痂。當一個人身體的同一部位持續受到壓迫，使得皮膚的某些區域無法透氣，就會發爛，造成一道不怎麼好看的小傷口。

尼古拉由於一直坐在輪椅上，姿勢一分一毫都沒換過，因此臀部皮膚上長了個焦痂。這是十分典型的狀況……在這個情況下，唯一的治療方法，就是不要碰觸患部，並且避免壓迫。所以尼古拉就得特別趴上幾天幾夜。聽說連續趴個幾天之後，人會瘋掉。

後來，我只再遇見過他兩、三次，因為他已經坐了好幾年輪椅，而且也只是短期住在這裡治療他的焦痂。

他的拜訪，除了為我帶來一些娛樂之外，更讓我心裡舒坦許多。我發現到，在房間牆壁的另一邊，原來有人情況像我一樣，也有人或多或少地和我一樣在吃苦，但是他們可以和我聊天，還可以讓我問問題。除了我的親朋好友和醫護人員之外，我已經好久沒有認識誰。我實在很想念能夠認識人的時候，要是能夠重新建立這種型態的關係，我起碼就會感覺自己的人生比較正常一點。

4

在這裡的前兩個星期，我從沒能夠單獨出病房。不管是接受治療或是上復健課，我總是躺在擔架床上或是坐在輪椅上，讓人推著走。不僅如此，我的每一餐都是在房間吃，還會搭配個護理員。除了睡覺時間以外，我完全沒有自己單獨的時間。

不過，重拾些許自主的時刻，終於到來了——他們給了我一大台電動輪椅。當我第一次被放在這台輪椅上時，心裡既是震撼又是興奮，那種感覺，就像是一個孩子面對著一匹人家牽來給他的小馬，而他知道在上馬前得先馴服那匹小馬一樣。因為，這台輪椅是我無活動力的有力象徵，卻也能讓我重新行動。我才在床上度過了差不多兩個月的時間，如果說這台輪椅突然在我的房間裡佔了許多空間，那麼，它在我的精神上也是。

好了……我有輪椅了。在與職能治療師上了兩堂課，學習操控與駕駛這台輪椅之後，從此我就可以一個人在走道上溜達了。

真的太爽了！我駕駛著輪椅，全速前進，頭髮隨風飛揚（並不算誇張），耳裡聽著電動馬達那令人難忘的響聲，以及輪胎駛過走道地毯所發出的摩擦聲。

一個半月以來，我沒有權利選擇自己要去的地方。在上完復健課之後，我於是決定繞遍這間中心的各個角落，以探索這個全新環境，連最微小的細節也不錯過。

一樓有腦傷區，不用說，這條走道不是這間中心最有魅力的地方。

就腦部創傷的角度來說，有多少患者，就有多少種不同的案例。腦部創傷病患都是因意外傷及腦部，由於大腦的結構極為複雜，因此沒有任何病患的症狀表現相同。

所以在腦傷區可以發現：有人可以走路，說話卻不清楚；有人無法進行溝通；

有人記憶力嚴重模糊；有人完全沒辦法掌控動作，因而雙手繃緊扭曲；有的人毫無知覺，只是垂著舌頭，瞪著眼發呆。

腦傷區走道所瀰漫的氣氛，有點像是麥可・傑克森〈戰慄〉那首歌的 MV，只不過地點是在一條毫無生氣的走道上。就算那條走道能夠通往物理治療室，我想我也不常利用。

腦傷區裡，有些案例很有趣，就是那些我們稱為「額葉受損」的案例。某些人看起來身體十分健康，但是卻毫無社交概念，可以說就大腦而言，禮貌區已經損壞。他們有的時候會說出超級奇怪的話，或是腦袋裡面想什麼就說什麼，毫無經過任何形式的自我審查。

可以想見，這會導致令人訝異的狀況發生。我還記得復健室裡在我旁邊的那個女人，她的物理治療師正在幫她復健，並且放鬆她的雙腿，而她卻語調冷靜不停地說：「混蛋！住手，你弄痛我了！」或是「賤人，你的這些東西簡直讓我煩得要死！」

在別人向我解釋她的狀況之前，我還真的不懂為什麼她的治療師會這樣默默地任她出言羞辱。

我也還記得在另一個腦傷區，有一位個頭高大的棕髮男人，走路算是正常，我猜他應該也有同樣的症狀，因為他講話總是超級大聲，並且幾乎遇上誰便得罪誰！他會向他們討口香糖或是保險套……真是有夠超現實的！

後來，我和一個腦傷病患凱文很合得來。我們偶爾會聊聊天。他的口語表達還是很難懂，不過他進步得很快，而他的身體狀況也是。他甚至已經可以從輪椅上站起來走幾步路了。

就運動機能而言，腦傷區病患的進步會比全癱（四肢癱瘓）或是偏癱（半身不遂）的病患來得快速許多，然而語言、記憶或是專注力方面的後遺症卻更難以根除。

凱文有嚴重的記憶力障礙。他能夠清楚記得長遠的過往(他有辦法對你講述自己的童年),卻很難告訴你,昨晚或是一小時前,他做過了什麼。他花了好幾個星期的時間才記住我的名字。不過,他什麼名字都試過了:史蒂芬、法畢斯、班傑明……而每一次,我總會以同樣的語調重複對他說:「凱文,法比安……我名叫法比安。」

一天,當我離開復健室時,我在走道上遇見了他。我停下輪椅(我現在還聽得見當輪椅停住時,電動馬達輕輕地「咔」了一聲),與他談論起了雷鬼樂之父——巴布.馬利。整個中心的人都知道,凱文是巴布.馬利的全球頭號粉絲。他告訴我,在他十二歲的時候,住家附近的大哥哥帶他發現了巴布.馬利,從此,他便不斷地聽他的音樂。

接著,他問我:「你呢?你知道他嗎?你喜歡巴布.馬利嗎?」我回答是的,我很喜歡,而且我的唱片收藏裡,有一兩套巴布.馬利的音樂精選集。

對話結束，凱文離開了，而我則是望著窗外，在原地多停留了一會兒。復健室出口處是一條透明的玻璃走道，太陽還未西沉，我享受著這五分鐘讓眼裡多接受一點自然光的樂趣。

要回我的房間時，我決定走腦傷區的走道。我經過凱文的房間。他的門半開，我聽見巴布．馬利重複唱著他射殺了警長[4]。我想要向我的新朋友點個頭、打聲招呼，於是進了他的房間。我對他說：

「啊，你聽的都是巴布．馬利的歌啊。」

在那一瞬間，凱文轉身看著我，臉上不帶任何情緒，淡淡地對我說：「是啊，我喜歡他的歌。我總是聽他的歌。你呢？你知道他嗎？你喜歡巴布．馬利嗎？」

我已經不記得自己有沒有回答。

5

在這個中心裡，我發現了一個非常有意思的職業，那就是職能治療師。我的職能治療師名叫香塔兒，年紀只有三十多歲（雖然這名字很老氣）。她擁有一頭棕髮，身高有一百八十公分，笑臉盈盈，態度親切，還總是帶著一絲抹不去的羞怯。

職能治療師負責進行上肢復健。因此，我跟著香塔兒重新學習寫字、進行許多的遊戲、串珠、鎖螺絲……

不過，職能治療師也會在你的日常生活中「修修補補」（如字面所示）許多東西，讓你能夠獨力解決問題。打從一開始，就是香塔兒替我調整輪椅，盡可能地讓我

4 巴布・馬利一九七三年名曲，收錄於《燃燒》（Burnin'）專輯，歌名是：I Shot The Sheriff（我射殺了警長）。

感到舒適，像是：調整背靠傾斜角度、依手部調整遙控器的位置與尺寸大小。

或許這最後一個小細節看起來微不足道，可是，當我開始推輪椅時，我的手臂肌肉非常無力，以至於拉動電動輪椅的操縱桿不到五分鐘，整個人就累壞了。他們於是明白這根操縱桿的位置得進行以毫米為單位的微調。

在我來到這中心的第二天，香塔兒也替我做了一種像是袖子的東西黏在我房間的電話筒上，讓我只要把手穿進裡頭，就可以自己接電話（我的手指沒有足夠的力氣可以正常拿起、握住話筒）。好長的一段時間以來，我總是需要有人替我拿著話筒，才能講電話，因此就隱私方面來說，這真是個不容忽視的進展。

當你的手指不能讓你握住餐具時，也是你的職能治療師替你打造出附細皮帶的叉子或湯匙。那細皮帶就像指節套環，套在你的手指骨上，讓你能夠自己吃東西。

§

依據相同的原理，細皮帶的一端，綁著的除了叉子以外，也可以是一支小鐵棒，於是，你就可以自己按遙控器按鈕。

這樣一來，大大地改變了生活！不像以前，當你無法按遙控器，而你的護理員在離開前又已經替你選了台，那麼，接下來播放的是什麼節目，就只能憑你自己的運氣了。

一整天當中，我們非常依賴護理員的規劃。他們每個人有好幾間房得顧，有好幾個人的澡得洗……因此，你不能隨隨便便就麻煩他們。你還是可以試試看，只不過他們可不會立正站著等候你的差遣。有時候你叫喚他們，很可能要等上好一陣子；當你任何姿勢都得依靠別人才能辦得到時，你就得和時鐘的分針做好朋友。耐性是門需要耐心學習的藝術。

我呢，早上的時候，我喜歡看M6台的音樂節目。可是只要你沒辦法轉台，你就不得不勉強看完「M6購物」。看著皮耶與瓦樂莉誇耀腹肌訓練帶的優點，或是全套日本刀具組的厲害（甚至連輪胎都切得斷），總讓我幾乎不會再想要看音樂節目，以免又再次倒楣撞上皮耶與瓦樂莉。

能夠選台，是通往自主的一大步。

6

幾個星期之後，我搬到了走道另一側的房間。我告別了單人房的舒適，離開了整個樓層最優秀的護理員艾涅斯特，可是我贏得了社交。我慢慢地重新進入了集體生活。

因為重拾多人聊天的樂趣；因為默默聆聽其他兩個病患的對話；因為開始有人會挖苦我；因為輪到我開起別人玩笑——所以，我重新活了過來。

我的新房間是雙人房。我的室友叫艾瑞克。同一樓另一個名叫諸聖的病患，總是一再地這麼說：「艾瑞克，二十歲就已經很鄙俗！」

呃，其實沒錯，艾瑞克這個人的確有點這樣。他這個人不壞，但是也沒有特別善良；不討人厭，但是也沒有太討人喜歡。我與他沒有共同興趣。他喜歡速度感、重型機車。結果是機車車禍直接把他送進這裡。因此我們雖然住在一起，但並沒有真正在意彼此。我們相處融洽，但並沒有真正聊過天。

艾瑞克是偏癱，還有一隻手因為神經斷裂所以有點問題，所以他比我還有行動能力。他因為雙手功能不錯，所以坐的是手動輪椅。他甚至已經開始可以自行「換車」，意思是，獨力從床上移動到輪椅。

不過，他和我相反的是，我的雙腿狀況很不錯，而他的骨盆以下完全沒有知覺。有一天，當他嘗試拉著床頭的起身拉桿想要坐起來時，竟然失手，整個身子重重地往後倒在床上。他開口問了我：「法比安！我的腳在哪兒？」

這句話在現實人生當中可不是經常聽得見；而這個問題「我的腳在哪兒？」也只有在這裡才有人會問。我知道他感覺不到自己的雙腿，可是在那當下，我卻想著他是不是在開我玩笑？

結果不是。他是認真的，甚至還有點憂心。他摔倒了之後，沒辦法坐起來，也就看不到自己的雙腿在哪兒。

我回過神來，回答他：「有一隻在床上，另一隻垂在床邊——小心別滑倒了。別動，我去叫護理員。」

「別動」這不經意說出的話也很好笑。以我們這樣的狀況來看，這句話很不恰當，不過我們還是會時常脫口而出。

這就像是你對一個盲人說：「我們明天見。」

當我還待在加護病房的時候，我每天有四個小時的會客時間；這個短到不行的會客時間，正好讓我有許多時間可以好好數一下天花板燈的網格共有幾個。

來看我的人，只能逐一進我房間，那就像是與時間賽跑一樣，而且有的人只能待兩三分鐘而已。

我有一個好朋友，每次準備離開我的房間，讓其他人進來之前，總會反射性地說：「好了，我要走了，你別動，讓我來叫下一個人進來。」

啊！謝謝提醒我別動，我只是要在走道上做幾個側併步而已……

當然，我的嘴巴裡放了幾根管子，沒辦法這麼回應他。我從來就沒能讓他改掉這個壞習慣。不過，說來有趣的是，我並沒有因此而生他的氣，而這還甚至變成了一種遊戲：每次我感覺到他要走了，就會在心裡猜想，他會不會又要叫我別動——而每一次，他都沒讓我失望。

在與艾瑞克共處一室的時期之中，另一個經典的時刻，就是那了不起的例行公事：「上廁所」。光是一個人自己在房間裡進行，就已經夠愜意也夠丟臉的了，而當這種樂趣得要兩人共同分享，那就……

我與艾瑞克就是這麼談這個時刻：「我們來給自己一點樂趣吧！」就像廣告裡的人一樣。

我與艾瑞克兩個人在這二十分鐘的樂趣之中，得躺在自己的床上，以同樣的姿勢面對面，運用著自己的想像力——當然，還得想像伴隨而來的氣味……而此時的情境樂，則是電視上皮耶與瓦樂莉開心誇耀他們神奇商品的歡呼聲。

或許，這是我與艾瑞克的唯一共同點；唯一兩人真正親密的時刻。

看吧，掉進了屎堆裡[5]，感覺就是這樣。

5 原文為「être dans la merde」，字面直譯為掉進了屎堆裡，引申為「陷入了麻煩」。

7

我的社會化進程，在我能夠去餐廳而不是待在房間裡吃飯之際，達到了巔峰。這階段，我比較不那麼容易累了，左手也有進步，我已經可以握住叉子自己吃飯。

中心的餐廳裡，一桌有六或八個位置。第一眼看起來，就與高中或是夏令營的學生餐廳相去無幾，不過走近一看，就會發現其實更複雜一點。光是一台電動輪椅就已經比一台手動輪椅或是一把椅子佔了更大的位置，因此電動輪椅與電動輪椅不能同桌並排。除此之外，還得預留位置給兩或三個看護員——他們會替我們切肉、打開優格、剝藥，還有餵體力最差的人吃東西。如果不想惹誰生氣，最好避免發生「把鹽巴拿給我或是幫我倒水」這樣的口誤，因為沒有人辦得到。

一旦掌握了行為準則，就算每個看起來很簡單的動作，也都需要花上不少功夫，不過在餐廳一起用餐依然是段愉快的時光。

就如同在世界上的任何一個餐廳裡，我們也會聊天、講有趣的事情、互相開玩笑。

有一天，我因為碰上了一個輕微的技術問題，以致錯過了在餐廳用餐的時間。當時就在做完復健之後，午餐即將開始之前，所有人都回到了各自的房間，拿取床頭櫃上護士替我們準備好的藥劑。

那一天，我肯定是走道上最後一個回到房間的人。我進了門，把輪椅開到床頭櫃前，拿了三或四顆藥，迴轉，往門口的方向去，結果就在房間中央，我的輪椅突然停住不動，然後熄火。必須說一下，電動輪椅的電池蓄電量是有限的，所以每晚都得充電。

顯然是夜班醫護員忘了充電，結果我就這樣卡在房間正中央，分別與兩張床的距離正好相同，不可能按得到在我的床邊或是艾瑞克床邊的呼叫鈴，沒辦法使醫護員與護士辦公室相連的鈴聲響起。我嘗試放聲叫喊，可是由於我的腹肌無力，我的叫喊聲聽起來虛弱得可笑。沒有人應答。住同側走道的病人都在餐廳用餐，所有的醫護員也已經在餐廳。單人房離我的房間太遠，所以那些在房間餵病人吃東西的醫護員聽不見我。我集中了所有微薄的力氣，再次高喊，可是一點兒用也沒有。

一開始，整個狀況對我來說，就是好笑，可是沒多久之後，就一點也不好笑了。靠！這怎麼可能，難道整個午餐時間我就要像個白癡一樣地待在這裡嗎？我餓得要命！雖然在餐廳裡，某些人會有習慣的位置，但那並不能代表人人都有固定的位置。所以很有可能要幾十分鐘之後，才會有人注意到我不在。

我等著……要是我的電動輪椅在窗戶前故障就好了，至少我還可以看看窗外，心情也比較好一點。可是，我就坐在房間中間，一邊等待一邊……不做什麼。

在《豔陽假期》[6]電影當中，有一幕是主角米歇爾．布朗被卡在電纜車上，整個

6 豔陽假期（Les bronzes font du ski），一九七九年法國喜劇電影。

人懸在半空中下不來也無法前進，就這麼在冰天雪地中，夜晚開始降臨……我覺得我就像他一樣，而我遇上的情況也差不多同樣滑稽。

這間房間，在我眼中，從沒有像此刻這麼大過。我並沒有被綁在輪椅上，房門也是開著的，可是我就像是個犯人，囚禁在我的癱瘓之中。我又再次等待。

在這當下，我的心情實在難以描述，那就像是一種無能為力與沮喪相互交雜的感覺。

不過，我隨即想到，上一回有這種感覺時，還比此刻更慘。

那是當我還待在加護病房盯著泛黃天花板之時。我插了管——意思是，為了輔助呼吸，我的口中塞進了管子——喉嚨裡還有一個球體的東西，而這個東西妨礙我吞口水，所以我的嘴巴裡總是淹滿口水，而且不時地溢出。護士不時會過來用一條像是在牙醫診所看見的那種小管子替我吸口水。

在那個時候，我的胸膛上有好幾個與螢幕連接的吸盤；而那幾個螢幕的主要工作是顯示有名的「常數」：心跳數、血氧率等等。

當其中一個吸盤掉了，螢幕會發出警示音，護士就會立刻幫忙把吸盤貼好。我於是發明了一種請護理人員過來的技術，而他們也知道，當我那樣做的時候，就是需要有人幫忙「吸口水」。雖然我的手還不能動，不過雙臂已經開始可以活動了。於是，我把不能動的一隻手擺到一個吸盤旁，然後利用右手臂猛力一扯。

有一天，我的口水流得特別厲害，我於是決定利用這個方法讓人過來替我排出這過滿的口水。螢幕發出了警示音，可是沒人過來。我明明可以清楚聽見有個護士在加護病房內來來去去的聲音，可是她卻無視我的存在。我的口水開始流到了臉頰上，我不僅需要有人替我吸口水，還需要有人可以用毛巾手套替我擦臉。由於沒有人過來，我決定扯下第二個吸盤，讓警示音再響一遍。此時，我的脖子上已經積了一大灘口水，而那位護士也在我的頭上出現。她清楚看見發生了什麼事，然而她卻只是把吸盤貼回，直直地看著我的眼睛，並且冷冷地對我說：「聽好了，先生，這裡不是只有你而已，我也沒有三頭六臂！」

然後她就這樣走了，留下我一嘴的管子、積了一脖子的口水，獨自憤怒地瞪著天花板看。

在那當下，我真的有股用力賞她一巴掌的衝動，可是我沒辦法。於是，我開始想著要用所有我知道最低級的話語罵她，可我也沒辦法。於是，我什麼都沒做。

挫折：陰性名詞；一個人的欲望沒辦法滿足或是受到壓抑的狀態。

在醫療機構中度過了不少時間之後，我可以跟你們保證我對醫護人員的敬意，以及無盡的感謝。醫護人員是項崇高、無私、辛苦卻薪資過低的行業。我所遇見的醫護人員，大部分都和我相處愉快。我永遠不會忘記的是，當我還在加護病房時，我認識了一個很不得了的臭婊子。

臭婊子：陰性名詞；一個表現得既惡毒又愚蠢的人。

§

這個在加護病房的回憶讓我能夠不那麼難受。畢竟我的電動輪椅卡在我的房間之中，比起來並沒有那麼慘。好吧，我餓了，可是我不再流口水，我可以吞下自己的口水，我可以正常呼吸。要是我的眉毛癢，我自己就可以抓癢。我除了房間的天花板之外，還可以看許許多多的東西。要是有誰招惹我，我雖然還沒有足夠的氣力賞他耳光，但是我可以罵他一頓……總之，我有個美好的人生。

這一天，艾瑞克很早就吃完飯回房間。我很難得這麼開心看到他。他立刻去找一位護理員過來。那位護理員立即推我到餐廳。此時，工作人員忙著收拾碗盤、擦桌子，偌大的餐廳裡，只有我一個病人，獨自吃著一塊麵包、乳酪，以及一罐優格。

8

我來這間中心已經好幾個星期的時間了。我開始習慣這裡，也認識了這裡的每一個人。

像是尚馬力。他是早班護理員，年約三十五歲，人很親切，可是卻很會惹人發火。他總是一邊把滑落在鼻梁上的大眼鏡往上推，一邊說話。他做事很賣力，還會講解自己的每個動作：「好的，我來打開百葉窗……好了……我要把早餐桌推到你面前了……好了，推好了……」當你才剛睡醒，這真的會讓你覺得有夠煩。不僅如此，他很會流汗，所以兩手長滿了紅色濕疹。更「棒」的是，他還是屬於那一種只用「他」或「她」來稱呼你的特別族群：「他好嗎？他睡得好嗎？他講什麼好玩的事情呢？」他就是這樣的一個人。

坦白說，就晨間護理而言，尚馬力並非我們的首選，不過他做事比較有效率。

我個人比較喜歡克里斯。他六十歲，再幾個月就要退休了。你可以感覺到這個人已經有點精疲力盡了。他總是氣喘吁吁的，可是該做的工作他都會做，我們相處也算愉快——儘管他老堅持叫我賽巴斯汀。由於我的行動能力已經比較好了，所以他幫我穿起衣服來也逐漸變得輕鬆。克里斯總是會稱讚我：「很好，賽巴斯汀，實在太完美了，賽巴斯汀。」當克里斯遠遠走來的時候，你總是會知道，因為一定會聽見他唱著那首歌：「在蹩腳白蘭地酒館，老闆名叫布魯諾……」我想他並不知道其他的歌詞，於是每一天、每一刻，就只是重複地哼著這一句。

早上的大魔王非克莉絲蒂莫屬。她另一個有名的稱號是：亞爾丁高地野豬[7]。她的年紀接近四十歲，個子矮小豐滿，有著紅通通的面頰，淡金黃色的頭髮。克莉絲蒂的人很好，可是卻非常笨手笨腳，而且動作超級粗魯。她幫你穿衣服時，總是要讓你的肩膀快脫臼，或是讓你從擔架床摔下地。每個病人都一直客氣地罵她。我有一段時間先是像其他人一樣地罵她，不過後來改變了策略——我讓她信任我：「來，我的克莉絲蒂，我們要來洗個澡了，一切會很順利的，妳看……太棒了，克莉絲蒂，慢慢來，對，很好……」這個策略奏效了一半。但不管怎樣，在臉上被割出兩道傷口之後，我決定從此拒絕讓她幫我刮鬍子。

白天的時候，還有我們大家的媽媽——夏洛特。她是安地列斯人，體重應該起碼有九十公斤，還有一對龐大的乳房。她的動作不是最快的，可是她非常討人喜歡，也非常有趣。她的笑聲，甚至可以從腦傷區的一樓傳到我這裡。

接著還有法畢斯。他也是安地列斯人，個性不錯，不過要是你急著要什麼，可千萬別找他要。並不是他動作慢，而是他在幫你之前，總是找得到一些事情要做。

7 十九世紀蘇格蘭作家華特・司各特（Walter Scott）於小說中給予荷蘭殘暴領主「馬克的威廉」（Guillaume de La Marck）的稱號。

這令我徹底抓狂。法畢斯根本永遠在挑戰你的耐性。

還有那幾位護士。與護理員相比，她們的角色較具有醫療性。簡要說來就是，假如護理員的工作是送早餐，那麼護士的工作就是抽血。

我呢，我並不大喜歡那個胖胖的米雪兒；她是夜班護士，年紀五十歲，看起來非常嚴肅。她在這裡可不是為了說笑，因此也沒有人會跟她說笑。

還有日班護士伊麗莎白、卡洛兒、娜汀、喬西等人。先說清楚，我並沒有冒犯之意，尤其是有幾位長得真的很漂亮，不過當你在醫療機構連續待了好幾個月之後，你很快就再也不會對護士存有幻想了。

高挑美麗的護士面帶微笑地進入你的病房，性感的短白袍底下，曲線玲瓏……請對這樣的幻想說再見吧！並且向穿著類似柔道褲、擺著一張臭臉，對你說「好了，來吧，該去廁所了」的小喬西說早安！

§

我可以跟你們保證，你很快就會完全不在乎護士服底下有沒有什麼了。

在像這樣的復健中心裡頭，與護士的關係很快就會變得十分親密。原因很簡單，我已經對你們描述過每天去廁所的那個重要時刻，但是還沒提到導尿的美妙樂趣。

說起半身不遂以及四肢癱瘓，我們特別會想到的是四肢不能動彈，很少會想到排尿與排便也需要肌力。很抱歉，我又要再談這一類的話題了，不過這是可悲的事實。對於有這些障礙的朋友來說，這個問題無論就他們的復健計畫或是心靈來說，都是同等重要。

一天當中有六次我們得和一名護士聚在一起。她利用紗布與滅菌手套，將一條三十公分長的導管伸進我們的陰莖。這條導管就在我們的陰莖裡頭旅行，最後抵達了膀胱，而尿液也隨即排進了一個塑膠口袋裡。

亞藍，是一名六十幾歲、很有教養的四肢癱瘓病人。他替我們的護士取了綽號，叫「有千條陰莖的女人」。的確，在我們這一樓當了好幾年的護士之後，一定會看過不少精力充沛或是軟弱無力的陰莖。

能夠活動上肢的半身不遂病患，只要稍微學習就可以自行導尿。而四肢癱瘓病人就得與第三者共享這個時刻了，這是一項必須額外接受的小事。

既然微笑面對事情比較好，所以你會經常在我們這裡的走道上遇見病人一邊高喊：「護士小姐早安，我要導尿！」一邊推著輪椅找有空的護士。

不僅如此，大部分的偏癱與全癱，病人失去了控制括約肌的能力，所以，為了避免兩次導尿之間的漏尿，他們會套上一個隨身尿套——前端類似保險套，連接著尿袋，可以利用帶子固定在腳踝上。

§

這些小小的不快，儘管一般人看不見，卻經常是神經損傷者最大的煩惱，有時甚至比永久失去行走能力還嚴重。

在好幾個月之中，每一天，這是我們得與醫護人員共同經歷的事情。我們之間建立起了一種特殊的關係。

他們不是我們的另一半，也不是我們的家人、朋友，我們也沒有選擇他們，可是，他們對於我們而言，卻是不可或缺。人類之所以為人類，憑藉的是人與人之間的關係，於是，緣分、緊張、斥責也必定從此而生。他們有極大的權力控制我們；我們的一舉一動，全都得依賴他們，也因此，如果你想要得到什麼，好好學著認識他們每個人就很重要了。你也得要能夠應付他們的疲憊狀態、情緒與感受。由於醫護人員與病人的比例嚴重失衡，所以我們無可避免地得花上許多時間等待他們。

如果想要獲得照料、吃飯、轉台、起身、洗澡、穿衣服、睡覺、切肉、喝水、拿櫃子裡的東西、抽菸，我們就得耐心等候輪到我們。

當你沒有了自主能力，你花在等待的時間會比把事情做完還來得多。

一個好的病人會懂得必須有耐心地等待。

9

當我知道這裡和我同年齡的人有多少時，大感意外。光是我們這一樓，就有七到八個二十幾歲的年輕人。可以說，整體而言，在我們這一科，我們這一世代的人所佔的比例最高。

我不知道這個現象是否意味著什麼。二十歲，是不是真的是個無憂無慮的年紀，因此這個年紀的男孩子不會評估危險，以為自己所向無敵，於是太輕易地讓自己暴露於危險之中，導致悲慘意外的發生？

另一方面，在像這樣的機構之中，看見那麼多如此年輕就已經活得辛苦的人，更讓人覺得難過。二十歲的人在醫院做什麼呢？二十歲，是派對、旅行、熬夜不睡，以及持續誘惑與被誘惑的年紀。二十歲，是孩童的欲望駕馭著成人身體的年紀。二十歲，是一個人夢想得最多，而且自覺最有能力達成夢想的年紀。不，二十歲，不應該是在醫院裡。

但另一方面，就中心的環境而言，幸好有這些年輕人讓這個冷峻的世界多了一些生趣，以及雜亂熱鬧。

我還注意到這裡的年輕人都來自勞工階級。我不知道這是否代表著什麼。

當你生活在一個同齡年輕人聚集的場所好幾個月，你就會不得不交幾個朋友。不過在像這樣的復健中心，裡頭集結的是與你的問題或多或少相同之人，人與人的關係就變得挺獨特的。

從每個人所跨越的難關來看，他們可說是十分堅強卻又相當膚淺，彷彿日常生活的困難麻痺了其他感情的發展。所以在復健中心認識並且成為好朋友的，應該十分罕見吧。在這裡，我們成為哥兒們，是因為別無選擇；不過也只有這樣，才能讓這裡的日子好過一點——至於離開中心之後，那又是另外一回事了。

而在這裡的好處是，你不大會樹立敵人。每一天都有太多複雜的事情得處理、太多的精力得用來生存，所以連討厭誰都是一種奢侈。在現實生活當中有可能讓你搞不懂的人，在這裡，你自然會對他們加以包容。我從沒遇過病人之間起什麼嚴重糾紛。

不管如何，我在這裡結交了兩個好哥兒們，而且我很高興有他們在。第一個名叫諸聖。諸聖這個人，背後有一個瘋狂的故事。

他是非洲人，從沒見過自己的親生父母，不過，也沒有人知道他的親生父母是誰。他在很小的時候被安置在寄養家庭。社福機構對他唯一的瞭解，就是他在諸聖節那天出生。

當我第一次見到他的時候，他正和另一個與我們同年、名叫史帝夫的病人說話。他們倆坐著輪椅，在吸菸室入口前的走道上聊天。他們一看見我，便用眼神示意我過去，我也順從地停下輪椅，與他們閒話家常了幾句，互相認識認識。他們倆都是四肢癱瘓。史帝夫是因為摩托車意外，諸聖則是開車時睡著了。史帝夫這個人看起來就是一副不怕死，甚至令人反感的樣子；光看他的嘴臉，就知道他沒給父母和老師好日子過。比起來，諸聖的眼神就沉穩許多。他的平頭底下，眼神憂鬱。當諸聖的雙眼直視你的時候，彷彿可以把你看穿。他的嗓音低沉，不過他經常低聲說話。當我第一次遇見諸聖的時候，住進中心才兩個星期，而他則是已經滿三個月了。因為資深，加上具有魅力，他就有點像是我們這群人的頭頭；我們這一群年輕人的老大。

諸聖很少說起自己的事情，不過我後來和他比較熟了，對他的事情也因此知道更多一些。

要是命運之神在諸聖出生時能發表意見的話，一定會對他說：「你呢，我的小兄弟，你的人生會爛透了。」

無父無母的諸聖，被安置在巴黎南部郊區科爾貝市一處貧民區的寄養家庭。他有個動盪不安的童年，以及違法情事隨著年紀增長逐漸嚴重、有時還差點釀出大禍的青春期。

諸聖這個人很有個性。據他說，他的人生中極少有人對他伸出援手。不過，他終究一個人撐了過來。他在二十一歲的時候，辛苦開創自己的小事業，在居住的城市裡獨力開了間健身房。

然後，他就發生了意外。他的雙手幾乎失去功能，雙腿則是完全癱瘓。現在，他一個人要重新從零開始。

他總是不靠別人幫忙，自己解決問題，也正因為如此，毫無自主能力這件事對他而言更是沉重。不能走路是個問題沒錯，然而不能自己洗澡、穿衣服，去廁所也需要他人協助，他就不能接受了。

我很難想像他在出事前的模樣。當你看到輪椅上的他，皮包骨而且沒有任何肌肉，就跟這裡的每個人一樣，你真的很難相信他原本是個身材非常健美的肌肉男。

此外，一旦察覺出這種殘障是讓我們彼此如何地相似，你就會感到訝異。每個偏癱和全癱病人都有一雙相同的腿，以及因為缺乏腹肌導致的小肚腩。每個全癱病人，也都有一雙相同的手臂與手掌，坐輪椅的姿勢也彼此相同。我們的肌肉一旦失去功能，消失的速度將會快到令人嘆為觀止；我們的身體也幾乎同樣地乾癟，同樣地瘦骨嶙峋。

在餐廳吃飯的時候，我經常和諸聖坐在一起。他開始利用手上的輔具拿住叉子，獨力吃飯。看得出來他吃得很辛苦，然而能夠從中獲得一點自主，還是會令他心裡感到舒坦。

每當天氣好的時候，一吃完午餐，我們就會一起在餐廳前透透氣、吹吹風。我們加入了一群抽菸的人之中。那些人跟別人談好條件，讓人家替他們拿住香菸。有一天，我們倆就是在那裡討論起「毀了人生當中的一段時光」這種概念。

我不記得我們是如何開始的，不過我們倆想像著一個男人，在前往參加派對時，車子沒油，本來應該要在派對上狂歡，結果卻是花了好幾個小時等待道路救援。那個男人對自己說：「媽的，我真的毀了我的夜晚！」

接著，我們說起一個男人，在一星期的滑雪假期開始前，與朋友踢足球時傷了腳踝。於是，他可以理所當然地對自己說：「媽的，我真的毀了我的假期！」

還有，一個運動員在賽季開始前，韌帶斷裂，他於是埋怨著說：「媽的，我真的毀了我的年度比賽！」

我和諸聖兩個人稍稍退後一步地想著我們的處境，然後笑了起來，但是這歡笑背後隱藏的是一股巨大的沉默。我們對自己說：「靠！我們真的毀了我們的人生！」

10

這是關於一個醉酒男人的故事。這個男人在家門口對面的一家小酒吧裡連續喝了好幾杯酒。到了第八杯的時候，老闆開口念他：「喂，皮耶侯，快喝光你的酒回家去，現在都已經半夜兩點了，你老婆又要罵你了。」

皮耶侯試著站起來，結果一下子重重摔倒在地。然後他爬到了酒吧門前，推開了大門。門口有兩級階梯。他滾了下去，直接背部著地、摔在人行道上。他摸了摸眉角，發現流血了，他倒也不驚慌，把身體翻轉了過來趴著，吐了一會兒之後，匍匐爬行穿越了馬路，結果雙肘也流血了，但他依然全力以赴。他用指尖推開了家中大門，爬進了走道，接著爬上了樓梯。在辛苦半個小時之後，他終於爬上了床，趁著妻子睡得正熟，他甚至成功脫下衣服，鑽進了被窩裡，一閉上眼就睡著了……

隔天清晨，妻子的怒吼聲把他吵醒：「皮耶侯，你這個死酒鬼！你昨天又到對面喝得醉醺醺的！」

皮耶侯囁嚅地說：「哪有，我很晚才回家。可是我沒喝酒，妳為什麼要那樣說？」

「因為酒吧老闆剛打電話來。你又把輪椅忘在人家店裡了！」

這個笑話，是一個名叫法利德的偏癱病人告訴我的。

11

法利德，是我在這裡的好哥兒們。啊，幸好有法利德這個傢伙在！他早我幾個星期來到這裡。我們經常在走道上擦肩而過，結果慢慢熟了起來。

法利德是偏癱，不過和這裡其他病人不同的是，癱瘓對他而言，並不陌生。他在四歲的時候發生了意外，後來便坐著輪椅，在巴黎北部塞納聖但尼省的某個大區度過了童年時光。如今，法利德因為髖部問題進行手術，再次住進了復健中心。他得與一名物理治療師進行復健課程，並且一天當中的大部分時間都得躺在床上，如此連續好幾天，甚至是好幾個星期。

法利德這個人，從他推輪椅的方式一看，就知道不是殘障界的新人。他可是輪椅高手。他推輪椅的速度比誰都快；他會原地旋轉，還會翹輪滑行前進一段時間。

§

法利德與我們之間的差異還有一點，那就是他很清楚自己在這裡的原因與目的，而我們其他人呢，我們發生意外都還沒滿三個月，還在嘗試瞭解到底發生了什麼事，也時常揣測未來命運的發展。

法利德卻早已不再拿這類問題問自己了。他打從好久以前，就已經接受自己的狀態(如果這樣的狀態會有被接受的一天)。或許這也就是為什麼，法利德散發出與其他病人不同的光芒。他精力充沛，整個人包圍在超級正面的氣場之中。

然而，就如同我們猜想，他並沒有一個我們會樂見孩子能夠擁有的人生。殘障兒童中心的經歷、融入傳統教育體制的艱苦嘗試，再加上原生家庭一言難盡的經濟狀況與社會地位，就等於我的好哥兒們法利德的真實狀況。

他教了我許多關於殘障的事情，像是殘障兒童的生活、殘障人士於社會中所遭遇的困難，以及如何被人看待。在這裡唯有他可以告訴我這些事情，因為除了我很少遇見的尼古拉，中心裡所有的殘障人士，只有法利德曾經在醫療機構以外的地方，以殘障的狀態生活著；也只有他知道坐著輪椅在「真實」生活之中，會遇見什麼樣的狀況。

嗯，感覺也沒有那麼恐怖嘛……

有一天，他對我說：「你會知道，別人看待一個殘障人士的眼神，可是依階段而有不同的。當別人第一次看見你，對他們來說，你只是一個殘障人士。你沒有過去，也沒有獨特性，你的殘障就是你唯一的身分。接著，要是他們可以多花一點時間，就會發現你性格中的一面。他們會知道你幽不幽默、消不消沉，然後驚訝地明白，你的殘障狀態，原來還可以再補上你的真實特質：殘障敗類、殘障老粗、殘障中產階級等等。」

我覺得他說的話相當有趣，而且對往後也很有幫助。對於不習慣接觸殘障人士的人來說，殘障的狀態(尤其是坐輪椅)是那般地醒目(嚇人、讓人不快)，因而完全掩蓋住存在於狀態背後的那個人。然而，我們卻能夠從殘障人士身上找到與其他人相同的人格特質：害羞、講話特別大聲、好相處，或是混蛋一個。

我自己也在復健中心遇見一個可以代表這種性格多樣性的樣本。

§

總之，我與法利德之間的默契，讓我們可以稱得上是真正的好哥們。我們在做完物理治療，或是吃完飯之後，總會聚在一起。我們會有屬於兩人的時間詢問或是評論周遭發生的事情；我們會盡情嘲笑護理員，也會聊中心裡的美女——雖然並沒有幾個。我們的年齡相同；我們雖然在來這裡之前並不認識彼此，但我們是在同一個郊區長大的，而且兩個人住處的距離只有幾公里而已，因此，我們有不少的共同點。不僅如此，我們倆都經常聽饒舌樂，也對相同的歌曲耳熟能詳。

在法利德得臥床的許多日子當中，只要是有陽光的好天氣，他便會請求護理員把他的床移到走道上或是露天平台上，免得因為總是獨自待在房間裡而發狂。他會彈奏，還會唱弗朗西斯・凱布洛[8]、史提夫・汪達，以及凱西亞・瓊斯[9]的歌曲。所以後來，我只要聽見凱布洛的那首〈鬥牛〉，就會想起法利德。這個混蛋很有音樂才華。他從來沒學過音樂也不會看譜，可是他聽過就會，而且還具備了臨機應變的能力，這有點像他日後的人生。

§

要是其他病人去做復健，而法利德只能一個人躺在床上時，他的心情就會煩躁，於是他發明了「幹掉一小時」的概念。他會想辦法找到任何可以讓他殺時間的事物。最理想的當然就屬睡覺了。如果你好好睡場午覺，就可以輕易「幹掉」一小時。一部好看的電視影集，可以讓你「幹掉」整整一個半小時。電話聊天或許有助於「幹掉」二十分鐘，這個法利德真的很好玩。

我的運氣很好，才能夠經常有人陪著我。一整個星期當中、無論是晚餐後或是週末，每一天我都有訪客，像是我的爸媽，我的妹妹、女朋友，以及我的好朋友，他們會輪流接力，好讓我總是有人探訪、有人陪。

但是法利德就不同了。必須說，當你坐輪椅已經坐了十五年，你住進復健中心

8 弗朗西斯．凱布洛（Francis Gabrel, 1953-），法國歌手、詞曲創作者。
9 凱西亞．瓊斯（Keziah Jones, 1968-），奈及利亞歌手、吉他手暨詞曲創作者。

這件事，就不會讓周遭親友感覺難過。不過對他而言，最慘的莫過於週末了。因為沒有任何復健課，而且某些病人可以回家，整間中心因此變得空空蕩蕩的。法利德就只能一直不停地找任何可以幹掉時間的事（就算只有一分一秒也好）。對中心裡的所有人來說，像是吃飯或是洗澡這樣的尋常事情，是一種非常好的消遣活動，而在週末期間，這些事對法利德而言，尤其重要。

法利德總是迫不及待地等著週日夜晚的來臨，這點幾乎和這世上的所有人類相反呢。

12

當法利德能夠重新坐回輪椅後，我們兩個人便經常一起兜風。當天氣晴朗，我們就會在環抱中心的那座公園裡繞繞。不過天氣不好的時候也一樣。我一直很喜歡待在外頭。我的性格，應該有幽閉恐懼症的一面吧。只要我感覺到一點新鮮空氣或是風的流動，心情就會很好。而且去公園，可以稍微擺脫我們那一樓難聞的死亡氣味。就算我們聞習慣了，能夠透透氣，從飯菜、敷料、消毒水揉合的氣味轉換成潮濕樹木與剛除過草的新鮮氣味，總是件令人愉快的事。這座公園面積超大的，幾條小路夾著寬廣的草皮，還有幾條則是深入灌木叢中。對我來說，這樣的兜風很簡單，只要動動電動輪椅操縱桿就好了，可是對於坐手動輪椅的法利德來說，可就像是在做運動了。不過那正好，因為他喜歡運動，而且他的手臂可是粗壯得驚人呢。我們中心會舉辦腕力比賽，我從沒見他輸過。

到外面溜達的時候，法利德會參與我的輪椅操控精進練習。他會向我解釋該走的路線，該避免的坡度，還會示範如何在人行道轉彎。雖然他從沒有坐過電動輪椅，但他經常和坐電動輪椅的人相處，也因而成了行家。

當我們停在通往樹林的小路中間時，經常會遇見阿瑪拉威先生。瘦削的他，總是手放膝蓋，獨自坐在電動輪椅上。他時常閉著眼面對著陽光。當他張開雙眼的時候，只見他眼神空洞。我們只要經過他身旁，他便會用馬格里布移民腔調，輕聲向我們問好。阿瑪拉威先生總是一個人。他永遠尷尬地微笑，眼神悲傷。你會想要把他摟進懷裡，告訴他，有你在，一切都會順利的。他的神情實在太孤單了。我從來就不知道他到底發生了什麼事。他的法語說得不好。不過他也不和誰說話。

我和法利德也喜歡當所有人都睡了，而公共區域的燈也熄了之時，在夜間的走道上溜達。這感覺就有點像在進行違禁的事情；如同在夏令營，當你偷偷從房間或是帳篷溜出去，會引來輔導員四處找你那樣。你知道你沒有權利那麼做，可是你也知道這行為根本不算嚴重，你也不會因此被趕出夏令營。法利德就完全不在乎了。他這個人有本事自己脫衣服，獨自暗暗地上床睡覺。但我就需要夜班護理員幫忙了。我很明白回到我住的樓層之後，就準備挨罵。沒關係，這場小小的逃跑值得挨一頓教訓，更何況我從來就不怎麼怕挨罵。

我們的中心就跟渡輪一樣大，而這個夜間遊樂場也令人不安。大部分的時間裡，除了電動輪椅的馬達運轉，以及輪胎與地面接觸的摩擦聲，我們聽不見任何其他聲響。不過偶爾經過腦傷區附近的時候，會有響亮的尖叫聲。一聽見迴盪在整條陰暗走道上的尖叫聲，就會令我們因為（難得正常運作）珍貴的腎上腺素分泌而微微發抖。我們感覺有點像是在進行探險。這艘大遊輪突然變成我們的；它的引擎隨著渡洋的節奏呼嚕地響，同時將數百名睡著的乘客禁閉在它的窩穴之中。

這艘船上，沒有人真正知道它要帶我們到哪裡去，也不知道這趟旅程何時才會結束。

13

我與法利德某次進行夜間探險時，認識了弗烈德。

那一晚，我們到中心的另外一頭，在走過截肢區之後，來到了嚴重燒燙傷區。弗烈德是這一區的病人，當時正在和另一名坐在輪椅上、一隻腿膝蓋以下部位截肢的病人說話。他們問這麼晚了，我們在他們的地盤做什麼。我們幾個人聊了起來，然後很快地與弗烈德意氣相投。幾個星期前，我曾經遇過他兩三次。他是一個身材高大的黑人，年紀和我們相仿。我會遇到他，是因為他能夠離開他那一區；而他能離開他那一區，則因為他是嚴重燒燙傷區裡較不嚴重的病人。大部分住在那一區的病人，不會出現在我們眼前；我們也不會在餐廳或是公共區域看見他們。

嚴重燒燙傷的病人幾乎一直都在接受治療，不過依他們的外表狀況來看，他們也不會想要在走道上散步。

§

光是看到弗烈德的樣子就夠讓人震撼了。中心裡有一座開放給所有科別及訪客的公共交誼廳。我第一次遇見他的時候，就是在那兒。不誇張，我真的背脊發涼。我以前可是完全沒看過嚴重燒燙傷的病人。弗烈德的手指上纏著繃帶，顯然缺了一兩隻指頭。我們只看得見他嚴重損毀的臉部肌膚。我很難形容那種三度灼傷的焦黑皮膚。某些部分褪了色，幾乎變成了白色，其他部分則是深紅色，不過全都呈現浮腫。

弗烈德時常戴著一副透明塑膠面具。那副面具得緊貼住他的臉部，好固定皮膚，並且讓皮膚能夠變得更穩固。

弗烈德這個傢伙很好笑。他對自己很有自信，我們也看不出來他會因為容貌而自卑自憐，這也讓他看起來幾乎和一般人一樣。

他說話的聲音很大——甚至有點太大。有一次，我有女性朋友來看我，他對其中的兩個人吹口哨。當我知道這件事之後，決定要出手教訓他一下，除了展現我的原則之外，當然也是為了讓自己能夠有點活在現實生活中的感覺。我裝出一副蹩腳流氓的樣子，對他說，我有很多兄弟，要是他不想出問題的話，最好別再這麼放肆。我原本以為他起碼會抵抗或什麼的，但他只是低垂著眼，像個小男孩一樣地跟我道歉。

後來我把這件事告訴法利德，對他說我覺得自己很不應該，也對弗烈德太兇了，法利德看我這樣過意不去，竟然嘲笑我，還對我說，總而言之，我和弗烈德是兩隻無辜的小羊，和我們在一起，根本找不到什麼樂子。他甚至還以嘲諷的口吻說，他本來想看一個四肢癱瘓病人和一個嚴重燒燙傷病人好好打上一架，他想那樣的混亂狀態一定很精彩，也會為我們無趣的生活添加一點刺激……「不過，要是你們不想讓大家開心，而是想讓大家無聊得要死，那好，你們就繼續善良下去吧！」

弗烈德會住進這裡，是因為想要修理一輛電動腳踏車，結果讓一座小車庫燒了起來。

他整個人被火焰包圍。在試著逃命的同時，全身遭到火噬。

他接受了好幾次皮膚移植（心靈敏感的人，請直接跳到下一段）。皮膚移植有點像是用削皮刀削果皮一樣，從自己的身體取下一層健康的皮膚，接著，將取下的肌膚盡可能地延展開來，變成一張有微小孔洞的網子。正常的情況下，這張皮膚會重建。不過問題是，有時候嚴重燒燙傷病人的全身上下幾乎沒有一處的皮膚是健康的。

物理治療室經常有實習生，他們會到各科實習。一個星期在我們神經科這裡，一個星期在截肢區那裡，另一個星期則是在嚴重燒燙傷區，然後又回到了神經科。他們會對我們講述在嚴重燒燙傷區的所見所聞。聽說在那裡實習非常辛苦：第一天的時候，許多實習生會感覺身體很不舒服。燒燙傷患者會長時間泡在水裡，使皮膚軟化。當他們在物理治療室的時候，有許多時間肢體需固定姿勢，好讓受傷嚴重區域的皮膚能夠伸展，避免出現攣縮。

有些實習生告訴我們，那些治療的場所會瀰漫著一種極特殊的氣味，起先會讓他們覺得很痛苦，但後來也就習慣了。

每個人都會習慣。這是人類的天性。我們會習慣看不習慣的東西；習慣與令人不快的事物共存；習慣受苦。我們會習慣成為自己身體的囚犯。我們會習慣，並因此而得救。

我們在這間交誼廳消磨了不少空閒時間。在我們眼中，這裡並沒有什麼不一樣的地方，只是，當家人或朋友第一次來中心探望我們，而我們和他們一起在這裡佔位置的時候，我可以從他們眼中看出，這間交誼廳一點都不正常。我們會遇到穿短褲、單腳移動的人，也會遇到渾身包裹繃帶、只有隱約露出一塊塊完全燒壞皮膚的木乃伊，還會遇到訪客用輪椅推著歪著頭、嘴巴開開、眼神迷惘的殭屍。

突然一下子窺見這間交誼廳全貌的感覺，一定很奇怪吧。但是我們已經習慣了。每個人都會習慣。

外頭，距離我們中心的幾公里遠處，有幾間交誼廳裡，那有著面部正常、能自行站立且步伐正常、穿著得體、頭髮仔細梳理的人。

我們幾乎都忘了這樣的生活，只有在M6電視台播放的音樂節目裡，才能看到它確實存在。

14

在復健以外的時間，我們並不會只待在交誼廳。要是天氣允許的話，我們會到外頭去，在吸菸室閒晃，或只是擅自佔領走道的一角。好處是，我們不需要非得找到有附桌椅的地方，因為我們無論去哪裡，都是坐著的。

我們這層樓的所有年輕人之間，氣氛相當融洽。我們開開玩笑、嬉嬉鬧鬧、說說當天或是過往發生的趣事。這裡的氣氛就像夏令營一樣，營隊裡安排的活動有點特別就是了。我們就像一群小伙子在建築物下方廝混著不走，而身邊的所有鄰居都穿著白袍。由於這群人的年紀差不多都是二十歲，所以當然擁有一個或多或少混亂曲折的過去，以及強烈的性格，因此罵起人來，我們可不會彼此留情。我們互相攻擊來攻擊去的，內容還不忘額外配載一點與我們狀況相關的譏訕：

諸聖：「史帝夫，你頭上那根鐮刀柄是怎麼回事？」

我：「就是啊，史帝夫，你的身體已經毀了，至少也去理個頭吧！」

法利德：「我如果是你的治療師的話，只要你頭髮不去弄一下，我就絕對不會願意收你。」

史帝夫：「啊！你們這幾個殘障閉嘴！你們自從不能自慰之後，就超會攻擊人！」

這是屬於男性的敏銳與活力。

還有另一個好玩的東西，那就是全癱拳擊。我們這些四肢癱瘓的人會在走道上安排幾場小小的拳擊賽，彷彿我們懷念肢體暴力就如同懷念跑跑跳跳。我並不認為法國殘障體育運動協會有意認可我們的全癱拳擊，不過我們幾個人玩得可開心了，而且還自己訂定了規則：一隻手握住輪椅操縱桿，另一隻手預備發動攻擊，然後遊戲開始。我們會圍著對手繞行，努力出拳打對手的上半身或手臂。當然，這看起來一點兒也不像拳擊。全癱病人光是握拳這個動作就辦不到了。讓手臂得以伸長的肌肉叫三頭肌，而大部分的全癱病人完全沒有三頭肌。如果我參賽，那麼比賽就不算公平了，因為我的左手三頭肌已恢復不小的力氣，所以當其他人只能憑藉著肩膀的力道，想辦法把拳頭往對手的方向甩時，我則是能夠使出真正的「直拳」。

瞧！全癱拳擊賽：男性的體貼與溫柔。

與其他人相反的是，我的活動度的確隨著時間增加（主要是左側身體）。無論在復健的時候，或是在與其他全癱病人打拳擊的時候，我自己就可以觀察出來——甚至從日常生活的動作中也能感覺到。只要M6購物頻道開始上片尾字幕，我可以輕易地轉台；我吃東西也輕鬆了許多；我的左手甚至無須藉助輔具就可以握住叉子……至於護理員，就只是形式上幫我穿衣服。

而最最重要的新發展，就是當我躺在床上的時候，我發現能夠讓身體往右側躺……太讚了！近三個月以來，我整夜只能仰躺，沒辦法改變姿勢，現在，我的睡眠品質將會有大幅度的改善。雖然我還不能往左側躺，不過我不在意，因為至少從現在起，我睡覺的時候有兩種姿勢選擇。

還有一個好地方能夠讓好幾個人一起幹掉一小時，那就是我們這層樓的吸菸室。無論是我、諸聖，或是法利德，我們都不抽菸，不過我們會陪著史帝夫去，而且那裡還有台老收音機，讓我們能夠聽音樂。

吸菸室裡，總看得到那個胖胖的麥斯。他是全癱病人，年紀比我們稍微大一點。我們都叫他「警衛」，因為他不在的話，我們便不會進吸菸室。他總是抽著菸。我們給他什麼，他便抽什麼：香菸、手捲菸、大麻，他來者不拒。麥斯這個人話不多，表達力也不是太好，他老是依著自己的節奏漫步，情緒也相當穩定。只不過，他的情緒如何其實難以界定；我們不大知道應該算是溫和的傷悲、宿命的感受，或只是不在乎周遭的一切。在字典裡，「漫不經心」這個字附了一張胖麥斯被大麻煙霧包圍的插圖。護理員很清楚麥斯抽的是什麼，不過他們並沒有做出反應；而麥斯只要是抽香菸以外的東西，就不會請護理員替他拿住，他會寧願請同房的全癱病人理查幫忙。

理查是安地列斯人，年紀四十多歲，不過看起來起碼比實際年齡老個十幾歲。理查的頭髮是白的。他告訴我們，在發生意外之前，他的頭髮原本是棕色的，結果沒幾天就變白了。我不知道這種事發生的可能性。

他會發生意外，是因為某天深夜在地鐵出口處，他試著阻擋歹徒侵犯一名年輕女孩，結果中彈。

理查是這層樓裡唯一一個真正有憂鬱症的病人。我從來就沒見過他笑。每一天，當他推著輪椅，在走道上漫無目的地來回，頭會垂得比前一天更低一點，你也會發現他的皺紋更多一點。除此之外，他還為所謂的神經痛所苦，而那種疼痛顯然難以忍受。我從來就不大懂那些疼痛是怎麼來的，也不明白他除了癱瘓之外，怎麼還會讓類似全身觸電的痛苦給折磨。他就如同這裡大部分的人一樣，知道自己再也不能走路，但顯然還不願意接受。

在我沒有訪客的某一晚，我和他在交誼廳聊了很久。從來就沒有人來看過他。他沒有妻子，也沒有小孩。他的其他家人不是在安地列斯群島，就是在外省。我讓他提起了自己的過去。他向來不多話，不過那一晚，他的神經痛似乎沒有發作，我感覺他的心情不錯。我不會說他笑了，可是我看到他的眉頭稍稍舒展開來。在幾分鐘的時間當中，我認為他想起了殘疾以外的事情，所以感覺得到他整個人幾乎是放鬆的。

還有另一個清楚自己再也無法走路的病人是荷西，他的活力可說是相當充沛。他會把時間都花在用葡萄牙口音講述好笑的故事，或是他以前的性愛史。荷西的年紀差不多四十歲，而他最主要的掛慮，就是他的勃起問題。他在意外發生之後就無法勃起，不過自從醫生幫他注射我不知道是什麼的針劑之後，他又能勃起了。相信我，在我們這個樓層，每個人都知道這回事。他光是平常就幽默風趣了，而能夠如他所說的「雄風重振」，更是令他心情大好。他在走道上不停的「輪過來輪過去」，嘴裡還高聲唱著葡萄牙語歌曲。

我還記得有一天，荷西以慎重的口吻，信誓旦旦地對我說：「法比安，你知倒（道）嗎，我的腳，我柯（可）以不在意……但石（是），要石（是）我不能撥（勃）起，我寧願去使（死）！」

說到了勃起，其實大部分神經受損的病患會有勃起功能完全失調的問題。廣泛來說，當你應該已經很興奮時，沒有任何勃起反應；而沒有發生什麼開心的事時，勃起反應卻完全不受控制地出現。

我的運氣很好，很快就度過這個相當尷尬的時期，不過主要是那些無法控制自己身體的人，還得繼續忍受這還算愜意的小小煩惱。

比如在做復健的時候，每個人都會穿著慢跑褲；在課程的尾聲，我們會被綁在按摩床上，而按摩床會或多或少地前傾，以讓我們的身體習慣直立。

於是，在中心常可見到這樣的場景（一離開這個環境就會變得超現實）：在幾個復健療程即將結束時，幾個還被綁在按摩床上的人聊著迪迪埃・德尚[10]的防守能力，與此同時，慢跑褲底下也展露著不合宜的熱情……

15

物理治療室很大。四方形的空間裡擺滿了復健設施與器材，有按摩床、不同尺寸與高度的長椅、滑輪系統、啞鈴、平行桿……時時都有密集的活動進行：輪椅、物理治療師來來回回；護理員協助物理治療師把病人抬上按摩床。這間治療室就與蜂箱一般熙攘熱鬧。

在我來到這裡的頭幾天，一天只有排一次復健課，待我的耐力稍見增加之後，便早午各上一小時，外加一堂職能治療，而可能的話，還會安排我去游泳池或是做浴療。

由於我的活動度持續有恢復的跡象，物理治療課程隨著時間也有相當程度的變

10 迪迪埃·德尚（Didier Deschamps, 1968-），前法國國家足球隊隊員，現為法國隊主教練，於二〇一八年世足賽率領法國贏得冠軍。

化。一開始，總是先進行長時間的四肢伸展與活動，預防肌肉攣縮。

接著再順便進行各種練習：強化肌肉（一開始，當肌肉還很無力的時候，就只是嘗試配合物理治療師幫你的一隻手或是腳所做的動作）、在無背靠的狀態下保持坐姿、維持趴伏的姿勢、做地板動作（比如：從仰躺轉俯臥）……然後整堂課總是以這半小時的「直立」（身體綁在一張前傾的按摩床上）作結。

我的物理治療師名叫方索瓦。他應該才剛滿三十歲，不過頭卻已經禿了。他長得很好看，我打從第一天就明白自己運氣一定很好，才能夠和他一起上課。他不但精力充沛，還具有感染力。他的專業知識豐富得令人讚嘆，而且還不吝與你分享，因為對他而言，在他面前的不只是個病人，還是一個完整的人——坦白說，在醫療人員中，像他這樣的人很少。

我自己就體驗過某個醫生缺乏尊重，而那還真是個有趣的回憶。事情就發生在我轉院的時候(我在外省醫院住了五天之後，為了不想離巴黎和我的家人太遠，於是決定轉到他院的加護病房)。當時，我躺在擔架床上。他們把我擺在走道，想必是等著我要住進的病房整理完畢。這期間剛好一名醫生經過。他俯下身子看我，我也看著他的雙眼。他知道我意識十分清醒，只是因為嘴裡插著管子，所以不能對他說話。他打量著我，卻覺得沒有必要和我打招呼。沒有打招呼就算了，他竟打開放在我擔架床上的病歷，在我頭上大喊：「這個全癱是誰的病人？」

我記得那時我雖然還不知道「全癱」是什麼意思，不過我很清楚，這個體貼得無與倫比的好醫生，正是在說我。

我的物理治療師就與那個醫生完全相反。他會告訴你，他讓你做了什麼，還會解釋理由為何。在白袍之前，能夠感覺到自己不只是一個病例，真的讓人超開心的。不僅如此，這樣的方式還相當具有教育意義。於是，我和方索瓦一起複習解剖學，還學到了不少神經學方面的知識。

除此之外，他和你聊的話題，不僅只有復健而已。他這個人對什麼都很有興趣，而且還很愛說話。他熱愛音樂和運動，以及戲劇和寫作。和他一起上的每堂物理治療課，都是愉快、甚至是充實的時光。

不過，方索瓦會讓我辛苦地做復健，所以打從一開始我就吃了不少苦頭。嘗試動一動剛恢復一點生命的肢體部分，不僅需要極大的努力，還特別令人不舒服（哪怕只是讓一根指頭動個一毫米），這和那種只靠肌肉出力的傳統肌肉鍛鍊完全無關。在我們這裡，需要高度的專注，才能獲得勉強才看得出來的成果。我們所需要付出的那種努力很難解釋清楚；總之，就是一種專注與挫折的集合。

我和方索瓦談過這些事情。他是個專注且專業的聆聽者，總是能夠解釋或是回答我的問題。他把從以前遇過的病人當中所獲得的經驗告訴我，並且舉其他人的例子給我聽。

正因為他有如此人性的一面——我所遇過的醫護人員，不見得都會有——於是有一天我問他，對他而言，一個普通人與眼前的病人之間的界線在哪兒，而他是否一直能夠保持嚴格的專業關係？因為我猜想，太過友好的關係，是個需要避免落入的陷阱。

他語氣肯定地告訴我，從事他這個行業，尤其是在持續與身心皆備受折磨的人一同努力不懈的復健中心裡，得懂得自我保護。你可以對某個病人有好感，但是不管如何，還是得要拿捏好感的程度。還有，當你在這樣的場所工作，特別要懂得在下班後脫下白袍。當你一回到家，就得把病人的問題留在中心裡，並且盡可能地把病人的故事、疼痛拋在腦後。

我的頭幾堂游泳治療課，也是與方索瓦一起進行的。那個游泳池的更衣間，就跟世界上其他游泳池的更衣間一樣地冷。一堂游泳治療課有三、四個病人。我和諸聖一起上課。我們大家都笑他，因為他總是覺得冷，對他來說，游泳池是苦難的同義詞。

每次會有一名護理員替我們脫衣服，幫我們換上泳衣、把我們搬上一支大機器手臂末端的塑膠椅子上，讓機器手臂把我們放下水。

我們都套上浮力腰帶，腳踝與脖子也都套上了小游泳圈。這堂課要我們在仰泳的同時，運用我們的雙臂。我實在超級討厭這個過程。

像我們這樣神經受損的人，都會有體溫調節的問題。當天氣熱的時候，身體散熱不佳，需要很多時間降低體溫；相反地，當天氣冷的時候，也需要很多時間讓身體暖和。由於泳池的水很涼，因此每次游泳的時間不會超過二十分鐘。

一旦穿好了衣服之後，諸聖總會花上十五分鐘的時間，一動也不動地享受壁掛式吹風機吹出的熱風。只見他眼神迷濛，因為覺得舒服而露出淺淺的微笑。他這樣的姿勢，我已經看過無數次了。每一次，我總是會問自己，他心裡想著什麼。這個畫面，我永遠都不會忘記。

有一天在游泳池，當游泳課即將結束之時，他們拿掉了我腳踝上的游泳圈。我的雙腳立刻沉入水裡，腳掌碰到了泳池底部。我利用腹肌的力量一挺，順利地立起身體，結果我整個人就有點像在站立一樣，在水深到達胸部的情況下，我雙臂輕輕畫圓，以保持平衡。感謝我的好朋友阿基米德和他發現的神奇浮力，我的身體才得以變輕，我也才能有辦法保持這個姿勢。靠！我竟然靠著自己的雙腿站直了。這個感覺真的太美妙了，我當然很興奮！

這下子，游泳課就變得沒那麼討厭了。

16

中心裡，沒有幾個和我們年齡相當的女孩。總之，就神經科這邊，我只知道兩個，而她們的年齡應該也比我大一點。

不過有一天，當我進入物理治療室時，發現一個新來的女孩。她應該已經做完復健，所以被綁在幾乎傾斜九十度的按摩床上。她什麼也沒做，就只是泰然自若地看著身旁周遭。我們在眼神交會時，彼此點了個頭問好。

她很漂亮：二十幾歲的馬格里布女孩，雙眼黝黑，臉部線條極為細緻，一頭濃密的波浪中分棕捲髮，垂在雙頰兩旁，襯得她的臉更顯精緻。她的安靜與自信的神情、她那望著喧亂吵雜環境的方式，在在賦予她一種優雅的氣質，與某種溫柔的魅力。

那一天，直到她離開物理治療室之前，我承認，只要治療過程中有機會，我就會偷瞄她。

當晚，我問法利德和諸聖認不認識那個女孩。他們倆都不知我說的是誰。

接下來的兩個星期，我們每天都會在同一間治療室打照面，只不過除了禮貌性打個招呼之外，我們始終沒有交談。

結果是在交誼廳，我才終於有機會和她說話。我以前不曾在這裡見過她。那時她正在和史帝夫說話（這個史帝夫可厲害了），由於他們倆身旁沒有其他我認識的人，於是，我厚著臉皮插進他們的對話中。我感覺我們這個新來的美女很開心有我加入，只見她用一個大大的微笑歡迎我。

她的名字叫薩米雅，住在巴黎。她告訴我們，她因為出了車禍，導致不完全偏癱，意思是她具備某些恢復行動能力的要素，只不過她離重新行走似乎還早得很。

薩米雅很溫柔，也相當活潑，而且還很風趣。我們的相處很快就變得融洽。雖然這看起來沒什麼，可是在這個大男人的世界當中，能夠和女生說話，還是讓人心情舒暢。她看起來也很高興能夠認識同年紀的人。

從那時起，我們會固定在傍晚左右，和諸聖、史帝夫以及法利德，在交誼廳碰面。我們這群人從此多了個女孩子，只不過一天當中也只有這個時刻而已。她是我們的小小福利，也是我們傍晚六點的笑容。史帝夫有點喜歡她，不過諸聖和法利德都跟我說，她對我比較有興趣。慢慢地，我也感覺到他們說的其實沒錯。我喜歡她，或者甚至可以說，我在意她，只是若要幻想與她有什麼發展，還有一道鴻溝得跨越（我其實也沒辦法伸出腳跨越）。她常常在我游泳治療結束時來找我。接著，我們倆會一起到走道上——因為諸聖寧願待在熱風口前。這是我與薩米雅唯一能夠獨處的時刻，不過就算我有點猜出她的心意，我也絲毫不覺得尷尬。她也不會。總之，我們之間沒有曖昧存在。薩米雅知道我有女朋友，而且我也不能沒有我女朋友。再說，薩米雅也遇過她，因為她經常在夜間開放探訪時過來看我。薩米雅對我並沒有抱持什麼期待。而且就算我們再怎麼想，身體狀況也會讓我們在有任何幻想時感到喪氣。所以我們的關係自然就是維持現況。其實，不管我的哥兒們怎麼說，我心裡並不大確定她對我有什麼感覺。

法利德經常拿薩米雅虧我：「唉呦，她很喜歡你啊……你就好心點，起碼親她一下吧！」當法利德第一次這麼對我說的時候，我才發覺對兩個坐輪椅的人來說，親吻這件事應該會是個嚴格的體能考驗——不然，為什麼有人能夠協助殘障人士吃飯或是抽菸，卻沒有人找得到幫忙殘障人士接吻的解決辦法。

17

在我認識薩米雅差不多一個月的時候，才知道她從來就沒發生過車禍。她其實是從自己的住家往下跳。這件事不是她親口告訴我的，她也從來沒跟我說過。當有人跟我說，根據推斷，她應該是失戀所以企圖自殺時，我很高興她沒和我談過這個話題。

不知道是不是因為知道這件事的關係，後來，我們和薩米雅就沒那麼親近了。她對我可能存有的依戀，或許會是另一場幻滅的根源，並且也會讓她更沉陷於一段極端脆弱的時期走不出來。我一點也不想捲入，畢竟我已經有太多問題了，我可不要換自己造成別人的問題。

當然，我們變得稍微疏遠的原因，並不是只有這一個。總之，我感覺她比剛住進來的時候還沒精神，我們也比較少在中心的公共區域看到她。

§

薩米雅並不是唯一一個因為自殺而被送進來的病人。在我們這一樓，還有達路──一個四十多歲的印度籍男人。他似乎是從橋上跳下來。達路這個人有點怪，而且也令人捉摸不透。今天，他會態度十分親切，幾乎像是兄長一樣地對你說話；明天，他會像是把你當陌生人看待，只對你道早安。這個胖達路還有另一個奇怪的地方，就是他半夜時會大吼大叫。沒有人知道為什麼。是因為他哪裡疼痛嗎？是做惡夢了嗎？不管怎樣，當我第一次在深夜，聽見他那迴盪在走道之間的尖叫聲，有好幾分鐘的時間，我的血液完全凝結，整個人驚呆不已。他因此換到了單人房；我也一直都認為他有誇大之嫌，甚至懷疑他是故意演戲，好讓自己可以獨佔一個房間。

自殺，絕對不是這裡的禁忌話題；這並不只是有人因為自殺才住進這裡的緣故。對某些人來說，自殺同時也可以是一項計畫，畢竟對我們來說，突然變成偏癱這件事，實在很難讓人接受。不過，自殺除了是我們這間中心的一扇入口，也有可能是一扇出口。

在幾個月的復健治療中，我起碼遇過三個人明白地告訴我，他們會等幾個月的時間看看身體機能復原的程度如何，要是沒有改善的希望，他們就準備結束生命。

就我所知，還好他們並沒有實現這項計畫。這幾個月的等待有一項好處，那就是即使身體方面沒有任何的進展，但是不知不覺當中，這幾個月的時間讓他們得以逐步接受自己的全新狀態，並且告別過往的生活。這幾個月的不確定，挽救了生命。

但是，也有人不談自殺，直接來……

一天中午，我們在餐廳的時候，護理員夏洛特發現少了史帝夫。她上了樓去找他。她回來的時候是一個人，沒有人知道史帝夫去了哪裡。

當午餐吃完，我正往餐廳出口去的時候，他終於出現了。只見他的面色死灰，眼白通紅，整雙眼睛像是陷進了眼眶之中。坐在輪椅上的他，上半身姿勢扭曲，頭微微地歪向一側，眼神直視前方，推著輪椅前進。

「嘿，史帝夫，你還好嗎？」他沒回答我，毫無反應地從我面前繼續前進。我以為他沒聽見我說話。我停下輪椅一會兒，眼睛視線跟著他移動。終於，他在第一桌停了下來。夏洛特一臉憂心地靠近史帝夫，試著要和他說話，但他默默不語。夏洛特將手伸向他的臉，拍打了幾下，像是要讓他清醒。最後，我看見她把他的輪椅調整為手動模式，推他離開。兩人就這麼從我面前經過。史帝夫看起來仍然意識模糊。

後來我才知道，在他們倆離開餐廳的幾分鐘後，史帝夫真的昏過去了。夏洛特帶他去找護士。

史帝夫因為酒精中毒而昏迷。中心立刻將他送往鄰近醫院的加護病房。半個小時之前，他躲在一間浴室裡，喝光了一公升的伏特加。空酒瓶還留在現場。我一直不知道是誰幫他開的瓶子。史帝夫能夠用兩隻手讓酒瓶湊近嘴巴，但他絕對沒辦法打開瓶蓋。

很多人把他的行為解釋成自殺，但我不知道是不是。或許他只是想要脫離悲慘的現實幾個小時而已。

那一天，每個人嘴裡說的大多是史帝夫。隔天，關於他的話題就少了一點。隨後，我們這一樓的生活又回復到平常。荷西邊唱著葡萄牙文歌，邊在走道上招搖。麥斯在吸菸室抽大麻。理查齜牙咧嘴地推著他的輪椅。阿瑪拉威先生悲傷地望著窗外。護理員協助我們生活。「有千條陰莖的女人」幫我們導尿，而皮耶與瓦樂莉繼續販售可疑的物品。

就連諸聖、法利德以及我自己，都很少提起史帝夫，或許是因為我們太忙於進行每天生活中的戰鬥吧。總之，沒人有他的消息。

十幾天之後，他帶著比離開前還要好的氣色回到中心。當我們向他提起那一天所發生的事，他說他記不清楚究竟發生了什麼。我們很清楚他不想深入談那個話題，於是我們沒有再深究下去了……

18

這是個關於一家殘障復健中心團體出遊的故事。遊覽車到了。讓病人上車、把輪椅收在車尾……裝載這一切，可真是費了好一番功夫。

遊覽車出發了，直行前進，開上了一條小山路。

車裡的所有病人以〈法國隊加油！〉的旋律，齊聲唱道：「司機開快一點，司機開快一點，開快一點！」

一開始，司機並沒有注意到他們在唱什麼，可是那些病人依然繼續唱著他們的歌曲，而且越唱越大聲。

司機為了要逗他們開心，於是趁著道路呈一直線時稍稍加速。當引擎發出了隆隆的響聲，乘客便開心了起來，歌也唱得更大聲了。

道路越是狹窄，路徑越是曲折，歌曲的節奏就越快。司機開始覺得有趣，於是順應他們的意思配合了起來。現在，只要道路狀況允許的話，他就會加速。病人開始竭力高聲唱歌，這下子司機甚至連過彎都會加速。

乘客簡直樂瘋了，扯開喉嚨高聲叫喊。輪胎在轉彎時發出了嘎吱聲，司機仍然決定冒險，結果該發生的，終究發生了：車子失去了控制。

車子摔下溪谷，翻滾了好幾次後，車底朝天地停了下來。

所有的病人開始對司機唱起了另一首歌曲：〈他和我們是一國了！〉

這個笑話，是那個叫荷西的偏癱病人說給我聽的。

19

偶爾夜晚的時候，中心會為病人舉辦一些活動，像是舞台劇（有時由護理人員擔綱演出）、播放近期新片的戲劇之夜、音樂之夜、遊戲之夜等等。

我還記得有一次，來的是一個吉他彈唱二人組。當晚，他們在交誼廳表演。希望他們拿到的酬勞不會太差。對音樂工作者來說，在像我們這樣的觀眾面前演出，應該很不容易吧。事實上，要在這一類的晚會上表演，擁有社交天分與人道主義的胸懷，很可能遠遠比擁有音樂天分還重要。首先，去看的人數不多。整間中心才只有三十個人，其中還有三分之一的人沒有能力鼓掌。如果表演者期盼擁有比這些人更好的觀眾，其實是合情合理的。不過他們不但沒有因此而不知所措，反而還以驚人的毅力，營造歡樂的氣氛……只是不管他們怎麼賣力，氣氛還是一樣低迷。其實也不能完全怪我們。老實說，那些表演的品質並不是太讓人驚豔，而且那個二人組與其說是音樂工作者，不如說更像是人道主義者。

我住在這間中心裡的日子裡，還遇過兩次卡拉OK之夜。在殘障者的世界，就如同另一個世界一樣，越是俗氣的，就越是吸引人去看，而在所有的娛樂節目中，當然就屬卡拉OK最能吸引病人。

我、諸聖和法利德當然也到了，不過我們都是郊區好住民（尤其還是智障好青年），所以我們整個晚上都窩在交誼廳的角落裡，評論別人對著麥克風唱歌的表現。卡拉OK晚會總是讓人心情有些鬱悶，不過在這樣的環境底下，那種鬱悶值更是破表。一個個參與唱歌的人，走音的程度可說是相差無幾。有人中氣嚴重不足，就算有麥克風，我們也聽不清他的歌聲；有人連麥克風都沒辦法拿……總之，面帶微笑就對了，而這個我們最在行。

那個腦傷病人凱文就在離我們不遠處。我很想問他會不會準備唱一首巴布・馬利的歌曲，可是又很怕他這麼回答我：「是的，我喜歡他的歌。你呢，你知道他嗎？你喜歡巴布・馬利嗎？」

我們的嚴重燒燙傷好兄弟弗烈德，會過來聽一下我們的胡說八道。不過這些晚會實在悲哀到連我們挖苦的能力都克服不了。才過半小時，我們就已經沒有任何靈感去嘲笑那些椅子歌手的拙劣演出。

我們希望至少可以遇到薩米雅，讓她加入我們挖苦的行列。我們想要逗她笑，而她只要人一在，就能夠為我們刺激出更多的靈感。只是薩米雅似乎喜歡早睡，不像我們。

雖然如此，我們還是待到晚會結束，就怕會錯過什麼似的。當主持人開始收電視與麥克風，而其他人往自己的房間去的時候，我們和一個護理員說好，給我們五分鐘的時間在交誼廳前透透氣。「好的，不過就只能五分鐘。時間到了，就要直接回房間睡覺！我信任你們！」

呃，有的時候，最好不要信任誰……

我們幾個人在外頭看著夜景，看了十幾分鐘之後，史帝夫又有了個好主意：「來吧，我們去那邊的樹林裡走走！」在環繞這家復健中心的公園盡頭處，有片小小的樹林。

法利德說：「這個人可真好笑。夜這麼黑，那邊地面都是軟的，我們會卡在泥巴裡……」

史帝夫回他：「正好，那才真的好笑！」

諸聖附和著：「他說得對。那才真的好笑！」

突然，諸聖啟動了輪椅，為我們的樹林探險揭開序幕——我們別無選擇，只能跟著他。

諸聖總是讓人驚奇……他有非常平靜、沉穩的一面。他的眼神之中，有某種會告訴你「我什麼大風大浪都見過了，沒有什麼嚇得倒我」的東西，然而有的時候，他會出乎我們意料，變成一個過分搗蛋的青少年。

我們辛苦地進入了樹林裡。在一棵棵的樹木底下，幾乎什麼都看不見。我們一語不發地跟著彼此，在輪椅最難前進的地方專注地推行著我們的輪椅。若在白天，對那些能夠走路的人而言，這趟冒險或許可笑，然而在深夜裡，推著絕對不是為了因應這種地面而設計的輪椅，你可以明顯感覺得到腎上腺素分泌……一種混合興奮與懼怕的感覺。

什麼都有可能發生：輪椅陷入泥濘裡、摔倒、電池故障(因為一天都要結束了)，而萬一真的發生這些不幸，也只有法利德能夠幫上一點忙。

我們不停前進，直到再也看不見中心的燈光才停下來。我們關掉輪椅的電源，開始討論：首先是回中心的時候如何被罵，接著是隔天一整天怎麼過……再接下來是一星期之後的事情……

然後，我們第一次談到了未來。可是這一次，我們談未來不是為了洩自己的氣，或是自暴自棄地證明自己陷入了困境，或是人生已經完蛋。不是的。我們敞開了心胸，誠懇地談著未來，彷彿樹林裡的氛圍以及看不見彼此的眼睛，有助於吐露出在此之前壓抑住的厚顏與坦率。

諸聖告訴我們，他不再期待能夠重新行走，從此，他唯一的期望是能夠重新自主去廁所。他不知道自己要在哪兒生活，也不知道要如何生活，或者是與誰一起生活……他也無法想像自己一年後會變成什麼樣子。他對我們說，他已經放棄生小孩的念頭，因為他承受不了自己不能替孩子餵奶、穿衣服、送他去上學，陪他踢足球。他沒辦法接受自己的孩子在兩三歲的時候，做得到的事情已經比他還多，而到那時，會是他的孩子照顧他，而不是他照顧孩子。

他聲音低沉地說著話，然而語調中幾乎毫無起伏，也不見情感流露，彷彿他老早就已經接受、承擔、思考了這一切。

史帝夫也明白自己再也站不起來（至少沒辦法只靠自己），可是他相信未來科學的進展，將會讓像他這樣的病例恢復活動力。我不知道他是真心這麼想，還是那只是他了結所有期盼的方式。

不過，史帝夫倒是想要有孩子。他反駁諸聖，說諸聖一定是瘋了才不要孩子，因為那是我們唯一剩下的美好事物。不過他不知道能跟誰生，也不知道自己故障的生殖系統如何能夠辦得到，不過藉助科學的進展（還好有科學的存在），他未來一定可以辦得到。

對法利德來說，情況又不同了。他已經坐了超過十五年的輪椅，對於離開中心後會有什麼發展也大致清楚。他已經計畫要住在自己的公寓，還決定在不久之後要考駕照。法利德也想要小孩。無庸置疑，他一定會有的。

在這個夜晚當中，我絕對是話說得最少的那一個。當然，我對未來也打了個大大的問號，可是我的身體正在復原。我的雙臂、雙手以及左腿已經能夠活動，就算我開始接受自己將來無法從事高階的運動，我也預期自己可以重新站立、步行、開車、恢復完全自主、生小孩……於是，我因為擁有期盼這一切發生的權利而覺得尷尬。我不知道自己是否有權利完全表達出不能再打籃球的痛苦，也不知道是否可以說出我對於未來日子的恐懼與毫無把握。

樹林裡的濕氣讓我們開始覺得冷了。我們於是決定回去。回去的路程頗為順利，我們誰也沒說話，也完全不怕被罵。

沒想到，整層樓正陷入驚慌之中，每個人都在找我們。夜班護理員看見我們回來，輪椅的輪胎上沾滿了泥濘，連珠砲似的朝我們罵個不停，他對我們大吼，說不會就這樣善罷甘休，他要讓我們受到處罰。不過他的斥罵只會被我們當作耳邊風；我們的腦子還想著那片樹林，我們的心神還念著我們的那些心底話，而我們的情緒依然因為剛才共享的時刻而沉重。

20

幾個星期以來，我們常會遇見這層樓新來的病人——他是個身材高大，年紀比我們稍長的混血兒。他原本住在單人房裡，不過當我的室友艾瑞克離開中心之後（我們只有淡淡地互道再見），就由我來收留這個新同學了。

他的名字是艾迪，來自於九十五區的德伊—拉巴爾鎮，離我家不遠。在他把東西都搬進我房間時，我看見推來的床頭櫃上，有一疊法國饒舌樂CD：NTM、IAM、Ärsenic、Ministère A.M.E.R……我自己的抽屜裡也收藏了不少這類型的音樂，每當到外頭散步，或是在交誼廳時，我就會將妹妹送我的小型隨身CD播放器擱在膝蓋上，播放來聽。由於艾瑞克唯一喜歡的聲音是摩托車的引擎聲，所以我對自己說，和艾迪同房一定可以有點不一樣，何況我們已經有個共同點了。

從第一天和他聊天開始，我很快就觀察到這個艾迪就是我們一般所說的「流氓」，因為成為流氓的條件，他全都有了，像是：在社區與其他鄰近社區滋事打架、做各種非法買賣、有獄友……而且，艾迪會變成不完全四肢癱瘓，是因為一次尋仇的結果。那時他從一場派對上離開，一個傢伙拿槍威脅他。那把武器並沒怎麼嚇著他，他於是繼續逞強，故意給對方壓力，結果那個人開槍了，子彈射中艾迪的脖子。後來他還住在加護病房的時候，右手的氣力很快就恢復了不少，可是其餘的部分就連一公分也動不了。

艾迪年紀雖然輕，卻已經有一個年約四歲的孩子。那個孩子經常讓他媽媽帶著來，而且還熱情地把我們的房間弄得亂七八糟。能夠有如此純真與豐沛的生命力進入我們房間，真是讓人感覺舒服。那個小子長得超帥的，而且老是針對我們的殘障，問一些很直白又很讓人捏把冷汗的問題，讓我們招架不住：

「可是爸爸，他什麼時候才能站起來？」

「呃……我不是很清楚……很快就可以了吧……」

有的時候，為了讓艾迪和女友獨處，我會讓這個孩子坐在我的膝蓋上，在走道上賣力地飆著輪椅，並且試著左右滑行。這個孩子很有個性；有時後他和媽媽起爭執，我會有種分不清誰是大人、誰是小孩的感覺。他的媽媽看起來根本管不了他的樣子，於是，我忍不住想，當他十五歲的時候，有可能會令她頭疼不已。

我和我的新室友相處融洽。他的幽默感比我的前室友還來得尖銳，只不過他的情緒經常處於消沉狀態。艾迪的性格陰晴不定。有些日子裡，他很多話，很會嘲諷人；也有幾個早晨，他幾乎完全不說話，不吃早餐，M6台播放的音樂節目連看都不看一眼。在做復健治療的時候，也看得出來他幾乎完全提不起勁。有的時候，他會連復健都不去。

每當那些時刻，我會試著拉他一把。我提醒他，像我們這樣的例子，都是在第一年時，復原的希望最大，等過了第二年，活動力就沒有機會恢復了。我試著勸他，要是他現在就放棄奮鬥的話，他就完了，就有一輩子的時間可以像這樣頹喪了。第一年，絕對是努力奮鬥的一年。每位醫生、復健治療師都會提醒我們：這是場與時間競爭的賽跑，我們未來的幾個月將會決定我們剩餘的人生。

他跟我表示我說得對，可是我很清楚我的話並沒能改變什麼。

一晚，在會客時間，我看見五個艾迪的朋友進到了我們房間；這五個傢伙和他住在同一區，渾身打扮就是一副流氓樣。他們是來和艾迪談那個開槍的傢伙。他們發現他的行蹤了。起先，他們有點像是瞪著我看，而且不敢當著我的面把話一五一十地全說出來，不過艾迪要他們不用擔心，告訴他們放心說話沒關係。

射殺艾迪的那個傢伙，在開槍後的隔天就逃到鄉下去了，不過兩個月之後，有人在巴黎的十九區看見他。艾迪知道那個傢伙住在哪裡，當晚的問題是：需要通報警察，還是進行復仇（如果要進行復仇的話，又會是何種性質的復仇）？

最誇張的是，那個槍手似乎住在科貝爾，和諸聖同一區，而且諸聖也認識他。

艾迪的其中一個朋友說，得立刻開槍射他，其他人則是主張在通報警察之前，先揍他一頓。艾迪並沒怎麼答腔。

在他們熱烈的討論聲中，我離開了房間，去餐廳吃飯。

當晚，我們倆躺在床上時，我問艾迪知不知道他那幾個朋友會怎麼做。他說一切都還沒有個定論，得先確認那個槍手是不是在他們所說的地方，而且這種私人尋仇相當危險，因為要是轉變成槍戰的話，他的女友因為行蹤暴露太過，很容易被找上。

我再也沒見過艾迪的那幾個朋友，而且看起來，那個逃亡的犯人也從未現身。我們也難得再提起那件事了，不過要是問起艾迪，他會說整件事情就這樣比較好，因為就算警察找到了那個人，復仇的企圖也永遠都在，甚至是過了好幾年之後也一樣。

我並沒有感覺到他在騙我。我想，他是真正地想要把這件事情就此埋藏心底，彷彿已經受夠了太多的鮮血與淚水了。

21

我們這層樓的病人，每個月都得去老闆的辦公室一次——我們的老闆，就是神經科的主任夏勒女士，目的是評估我們的身心狀態、復健課程，以及我們的進步……無論是病人或是護理員，大家都怕夏勒女士。夏勒女士很冷淡又很嚴格，當她巡視每一樓的時候，不需要大聲說話，就足以讓每個人繃緊神經。她會罵那些太放任自己，不認真接受復健治療的病人，而她一旦認為神經科有什麼事情開始鬆懈或失靈，也會出言教訓護士與護理員。因此，當她難得說些親切的話語，或是掛上了笑容，我們就會開心得不得了，覺得她這個人實在太棒了。儘管她總展現出不苟言笑的嚴肅模樣，大部分的病人還是很喜歡她。她是位優秀、有魅力的醫生，人人都尊敬她。

雖說如此，每月一次在她辦公室的面談，總是令所有人害怕……

因為除了嚴厲之外，夏勒女士對於病人的狀況與未來，總是有話直說，而有的時候，會讓人難以接受。

我呢，因為復健有進步，所以會不禁幻想一個充滿體育活動的未來——但是在某次與夏勒女士面談完，我才明白，該是面對現實的時候了。夏勒女士能夠以精準貼切的話語，讓你從幻想中清醒，回到現實。

不行，我沒辦法再跑步。不行，我再也沒辦法正常走路。可以，要是我喜歡從事運動的話，還有其他的可能性，例如她已經見過像我這樣的病人騎腳踏車。

這差不多就是我最後一次進她辦公室所得到的結論。接下來的幾個小時，我變得不大愛講話，而且一整天心情都非常鬱悶。我氣每個人，特別是夏勒女士。我回到房間，不想跟任何人說話。我想躺著，把頭埋進枕頭裡，只是護理員全都到餐廳用午餐了。我於是坐在輪椅上，待在床邊。我不餓，胃裡從不曾像這樣地鬱結。我看著外頭的雨點紛紛落下，覺得很累，整個人相當疲乏；我觀察著雨水沖刷下的樹木，它們看起來幾乎和我一樣悲傷。我想起這幾個月以來，自己所付出的種種努力，到頭來，竟然得到這樣的結論。我不懂夏勒女士怎麼能夠用這種方式告訴我這個消息；而這個消息，我也沒辦法相信，可是我知道，要是她能夠這麼明白地對我說，就代表她說的是事實，不用再懷疑什麼，也不需再有什麼期待。整個世界開始失序……我的世界開始崩塌。夏勒女士剛毀了我心裡最後的一絲純真。我二十歲，而從這一天開始，人生再也不一樣了。

直到後來，我退了好幾步想，才明白這位醫生其實是一位觀察力敏銳的心理學家；她能夠覺察出何時是勸告病人的時機，就算對方才剛度過了一段艱辛的時期也一樣。那場面談真的讓我非常心痛，然而最終卻能夠讓我向前邁進。倘若就復健而言，我們是一步一步地逐漸進步，那麼我認為就心理學層面而言，我們也需要懂得跨越到新的階段，到達新的高度。而夏勒女士，則決定是時候該讓我跨越到現實的階段了。

22

說起心理學，我們這間中心也像其他同性質的機構一樣，有一位真正的心理醫師。她與不同的醫師合作，會針對心理飽受折磨或是根本就有憂鬱症的病人進行介入。她一再地告訴所有人，她的辦公室時時開放，就算沒和她約時間，只要想不受打擾地和她談話，都隨時歡迎。她時常會穿梭各樓層間，與不同的人見面，尤其是新來的病人。

當我住進中心十多天的時候，她來到了我的房間。那是我與她的第一次見面。當時，我還住單人房裡。她進房的時候，我正在和一個非常親近的朋友聊天。他是我的童年玩伴，特別過來看我。她先自我介紹，接著對我說，她想跟我聊一聊，不過因為我已經有人陪伴，所以她晚一點再來。由於我對心理醫師向來有點成見，再加上我認為或許可以找到些樂子，於是告訴她，我的朋友就像我的兄弟一樣，因此可以放心地在他面前進行談話。我感覺她這個人並不怎麼精明，而由於我和我朋友都很會嘲弄別人，因此，我感覺我們的眼前正出現了一個可嘲弄的對象。

她針對我的到來以及房間的舒適度，和我閒聊了幾句之後，開始問我，這個全新的環境是否令我感到安心。我很嚴肅地回答她，我很怕陌生人，尤其是穿白袍的人會讓我感到非常恐懼，「並不是醫療方面的問題，而是不美觀的問題。」這個心理醫師一臉困惑地打量我好久。我朋友接著補充說，我打從很小的時候，就對工作服感到恐慌，但是卻找不出原因。我盯著她看，同時避免與我的朋友眼神接觸，就怕會笑出來。

有那麼一下子，我想她會為了讓我感覺安心而脫下她的白袍，但是我又希望她別那樣做，不然我們真的會忍不住大笑。

她接著問我睡得好不好。「不好，我做了很多惡夢。」我朋友向來喜歡連續重複的哏，他向她解釋說，我從很小的時候就常做惡夢，但是卻找不出原因。我補充說，是七歲的時候，看了一部影片，造成了我的心理創傷，從此就變得很會做惡夢。心理醫師問我還記不記得是哪一部影片。我回答：「我記得，是尚．勒菲布赫[11]主演的《第七連去了哪裡？》[12]」

一說到這，我真的忍不住了，我快速地看了我朋友一眼。他正咬著唇、看著窗外，試著保持嚴肅，但是我看見他的雙眼已經因為憋笑而泛出淚光了。

心理醫師還問我最近都做些什麼樣的惡夢。我是有兩三件蠢事可以告訴她，可是我辦不到，我感覺到要是我張開嘴，就會突然哈哈大笑，於是最後只能避開她的眼睛，嘟囔地說不想要現在談。她說，她不想再打擾我，讓我好好享受跟朋友在一起的時光，她會改天再來。當她一走出去，我們簡直撐不到五秒就笑到飆淚。

就在那當下，我真的以為那個心理醫師笨到我們隨便編什麼她就信，然而幾個

11 尚．勒菲布赫（Jean Marcel Lefebvre, 1919-2004），法國演員。

12 《第七連去了哪裡？》（Mais où est donc passée la septième compagnie?），一九七三年法國喜劇電影，描述一九四〇年法國陷落，第七連部隊躲藏於樹林之中，卻不小心中了德軍的圈套。三個幸運躲過一劫的士兵，陰錯陽差地解救了整連的故事。

月之後，我們在走道上有了短暫的談話。當時我的情緒就明顯地沒有那麼亢奮了。她淺淺地微笑，很有技巧地告訴我，在我們第一次見面時，她並沒有被我的「告白」所騙，而且也看得出來，我當時並不怎麼想和她說話。說完之後，她便轉身準備離開，同時還親切地提醒我，需要的話，她的辦公室隨時開放。

幾個月以來，我一直把她當傻瓜，現在我真的對她另眼相看了。

自打嘴巴從來就不是一件不好玩的事。

23

我住進中心已經好幾個月了。關於種種病例，我想我也全見識過了，可是我還不認識巴提斯。

巴提斯二十四歲，當我第一次見到他的時候，他坐在椅背後傾至幾乎令他呈仰躺的輪椅上。他是腦中風病患。就外觀上來看，他全身上下從腳到髮根，完全沒辦法動；他的狀態，就如同我們經常不留口德說的，跟一株植物沒什麼兩樣：嘴巴歪斜、眼睛直楞楞地不動。你可以跟他說話、摸他，他就是不會動，也沒有任何反應，就像是完全與外界隔絕。這就是我們所稱的「閉鎖症候群」[13]。

13 患者雖然意識清醒，但卻由於全身隨意肌除眼睛以外全部癱瘓，導致患者不能活動、不能自主說話的一種症候群。

當你看到他這個樣子，你只會想像他的大腦整體也是處於相同狀態，然而他聽得見、看得到，也完全能夠理解身旁周遭所發生的事情。而我們為什麼知道？是因為他能夠依賴全身唯一還能夠活動的肌肉進行溝通——那就是眼瞼的肌肉。他可以眨眼睛。為了幫助他表達想法，和他對話的人會念出一個個的法文字母，只要念到他想要的字母時，他便會眨眨眼睛。

當我在加護病房，而且處於完全癱瘓狀態、嘴裡還有管子的時候，我和我的親人與好友也用過同一種方法進行溝通。那時我們的技巧還不是很熟練，有的時候花了十五分鐘才聽寫出三個字。

幾個月的時間過去後，巴提斯與他的親友把這項技巧練得相當純熟。有一次，我剛好參與了他與他母親的對話，過程可說是令人嘆為觀止。

他母親首先問他：「子音？」巴提斯眨了一下眼睛表示正確。她於是接著念出不同的子音——不全然按照字母排列，而是依使用頻率順序。只要念到了巴提斯要的子音，他便眨一下眼睛，他母親接著再念出下一個子音，以此類推。時常才找到兩三個字母，他母親便會搶先說出他要表達的字，以爭取時間。她很少猜錯；每一分鐘就可以猜出五、六個字。

巴提斯也就是利用這項技巧寫了一篇文章，內容像是一封致「所有被安排與我相遇之人」的長信。我也有幸讀到這篇文章。文中，他敘述自己的遭遇與內心的感覺。而在閱讀時，我的臉也像是被重重地打了一巴掌。這篇文章以精妙的法語寫成，文采豐富，主題雖然是個悲劇，筆調卻雲淡風輕。作者的狀態儘管如此，文中卻是處處洋溢著幽默與自嘲。他藉著文章解釋，他的身旁周圍充滿了生命力，而他的內心也是，只不過兩個世界之間的連結有點複雜而已。

我從來就不會想像到，這樣一篇充滿力量的文章，竟然是由一個身體無法動彈、眼神全然空洞的男孩所寫成的。

§

在這幾個月當中所得到的經驗，讓我以為能夠只靠眼神交流，便能斷定對方的狀態。結果，巴提斯為我上了珍貴的一堂課。

一堂因為他文中那些富有生命力語詞，讓我學到了勇氣的一課；一堂關於成見的一課。此後，我再也不會單憑著眼見的外表狀態來評斷殘障人士。

自打嘴巴從來就不是一件不好玩的事。

24

在某一條走道的盡頭處，有一部我很少利用的電梯。它通達二樓後，正對著電梯口處有一扇門，上頭寫著「遊戲室」。由於那扇門一直都是關著的，我總是以為這遊戲室並不存在，而且必定只是過去某項計畫的配套設施。

不過有一天，當我出電梯門時，竟看見那扇門大大地開著。在這些走道上走過一遍又一遍之後，完全想不到還會發現一個新的地方。我進了那扇門，看見三個坐輪椅的病人，與兩個穿白袍的年輕人——一個男的、一個女的，我在這個中心裡遇過他們好幾次——他們一起坐在桌前。眼前這種沉重的寧靜，讓我不禁莞爾一笑。我想走到他們身旁，大聲嚷著：「哇靠，太熱鬧了吧，這裡在搞什麼鬼，連在公園另一邊都聽得到你們的聲音。」可是我什麼都沒說，只是猶豫著該不該轉身回頭，但最後還是決定默默地往前靠近。那兩個年輕人向我表示歡迎，他們自我介紹：原來他們是「社工人員」，斷斷續續地在中心裡工作。那些音樂之夜以及超厲害的卡拉OK之夜，還是他們開辦的呢。

桌子上那幾副簡陋的大富翁遊戲與拼圖，顯然已經玩過又收起不止一次了。歸根究柢，我的認知並不完全是錯的：這間遊戲室的確是過去某項計畫所存留下的模糊記憶。

穿白袍的小姐正協助兩個腦傷病人拼一幅五歲小孩就會的拼圖，而另一個年輕男生則和住我們那層樓的全癱病人亞藍下棋——「擁有千根陰莖的女人」的綽號就是亞藍取的。

亞藍待人十分親切，我很喜歡他，也跟他聊過幾次。我覺得他是這層樓最有規矩的人。他看起來精神抖擻，而且總是一再地說自己很幸運，在進來這裡之前，已經擁有過一個美好的人生。他會全身癱瘓，是因為在自家庭院裡想要修剪樹枝，結果從梯子上摔了下來。亞藍很聰明，不但活潑而且非常有教養。他還曾經是客機駕駛。他告訴我，就他的不幸遭遇來說，比失去行走能力更慘的是不能自己一個人看書。他沒辦法拿著書本，也沒辦法翻動書頁。他說有一種小型器具可以固定住書本，並且調整位置。只要利用一支小小的機械夾子，按理說，這個器具就能夠翻動書頁，不過亞藍覺得使用效果很差，因為器具翻動書頁的時候，有五成的機率會一次翻兩頁。

他考量到自己毫無自主能力，當然還有年紀，所以他一直待在單人房那邊。他的妻子每天一定會來看他，而且還會從會客時間開放的第一秒待到最後一秒。他們夫妻倆似乎十分相愛。我們經常可以看見她站在丈夫的輪椅後方，雙手按住他的肩膀撫摸他，為他按摩。就算際遇悲慘，他們夫妻依然讓人看了心情很好。

亞藍：「喂，法比安！很高興能在這裡看見你。你會下棋嗎？」

我：「呃……那個……我懂規則，知道怎麼移動棋子而已。」

亞藍：「來吧，我們來玩一局！」

所以，有三、四次晚上做完復健之後，我和亞藍會在氣氛跟公墓沒兩樣的遊戲室碰頭，一起下棋（總之，下棋對於「幹掉」一小時很有幫助）。亞藍自己不能移動棋子，所以他會出聲指揮我幫忙他下在某個位置：「我的皇后要走到F4……我的騎士要走到B5……」

儘管他給了我許多使棋藝進步的建議，可是他每一局還是把我打得落花流水。

我已經在吸菸室看過這副棋子散亂地擱著。是麥斯（那個「警衛」）要求拿來和理查一起下。他們倆決定玩個一局，只不過要專注地玩很困難，因為那一天，吸菸室裡人很多。每個人都大聲講話，收音機也高聲播放著印度支那合唱團[14]的一首老歌〈鮑伯莫罕〉。我還記得在喧鬧之中，法利德因為我們房間裡貼著的一張機車海報，出言挖苦艾瑞克（我的前室友）。

「拜託，艾瑞克……我知道你喜歡速度感和刺激感……可是一看到你床頭貼的機車海報，實在看不出有什麼好爽的？怎樣，是輪胎會讓你興奮嗎？我不知道，要我的話，會放一張漂亮風景或是裸女的照片，可是艾瑞克，你就放一輛機車？」

艾瑞克心情混亂又提不出什麼特別的觀點，於是嘟噥地回嘴：

「你不要管我！去彈你的吉他！」

看這個法利德有多愛欺負他。艾瑞克是他最喜歡的出氣筒。

總之，這個亂糟糟的場面，加上幾根大麻菸捲，麥斯與理查再也沒有下完這一局。我記得整盤棋就這樣擱著不動好幾天，而棋子因為兩方廝殺到中途被打斷了，所以停在格子裡出不來，就有點像是我們的狀況一樣。

14 印度支那合唱團（Indochine），法國流行搖滾樂團，成軍於一九八一年。

25

隨著幾個月的時間過去，以及我身體狀況的進步，每天早晨的打理盥洗，處理程序有了不小的進展。雖然我還是只能在床上用早餐，但是我的左手與左手臂的功能變好了，於是早餐時刻也幾乎變得愜意了。

不過，最大的進展就在於一個不容小覷的事實，那就是：我不用再躺在床上「上廁所」了。現在，我也享有了與截癱病人相同的優惠待遇：他們把我搬上一種新型態的輪椅；那是一台完全以綠色塑膠打造而成的手動輪椅，椅墊中央還有一個洞——他們帶我上「蹲式廁所」。在穿越走道之時，他們會替我在膝蓋上蓋一條大毛巾，以替我保住一丁點尊嚴。到了廁所之後，他們把輪椅停在馬桶的孔槽上方，等著浣腸發揮效用，不過總會有一名護理員或是一名護士，戴著手套，過來完成這項工作。

在這個近乎自然的甜美時刻之後，坐在塑膠新輪椅上的我被帶進了浴室。再見了，藍色防水塑膠擔架床，從今以後，我就坐著讓他們洗澡了！好吧，直立的過程還是一樣辛苦。我每次都得在坐上輪椅的十五分鐘前先喝幾滴藥水調整血壓，儘管如此，這種「全新的早晨」依然令我動力十足。我感覺自己已經更前進一步了。

現在，如果我要坐上輪椅的話，不再需要兩個護理員扛我了。因為我的腹肌變得比較有力，尤其已經可以稍稍用左腿撐住自己的身體，所以一個護理員就夠了。他幫忙我坐在床緣，讓我的雙腳碰觸地面，接著把輪椅推到我的身子旁邊，他將雙臂伸到我的雙臂之下，再一把撐起我的身體。

一天早上，是那位氣色紅潤、兩手笨拙卻很迷人的克莉絲蒂負責我們這一房。克莉絲蒂空有希臘—羅馬女戰士的體型，力氣卻不怎麼大。我問她是否確定能夠把我扶上洗澡輪椅，是否需要再找一個男的幫忙。她說她可以的，於是我就相信了她。

嗯，有的時候，其實不該相信別人……

她扶我坐起，把我的雙腿從床上放下，接著推輪椅到床邊，再低下身子，把雙手伸到我的雙臂下，環抱著我——當她將我抱起時，我用左腿撐住了自己，當下感覺到她的身子搖搖晃晃，接著，她失去了平衡……當然我們倆的雙人舞以摔倒在地作結。她站了起來，整個人驚慌失措，問我狀況如何，接著朝我大嚷著她很抱歉，一陣風似的出了房間，找個可以把我扶起來的人前來幫忙。

她在急急忙忙之中，沒有想到應該要幫我蓋上一條大毛巾或是被子；我於是赤裸裸地躺在地上，什麼都沒辦法做，只能等待著。

「喂，艾迪！你可以把你的被子丟到我身上嗎？地板好冰……」

艾迪試著用他唯一能動的手，把他的被子拋向我，可是被子還沒到我身上就先落地了。於是，我只能繼續光著身躺在房間地板上。除了感覺冷之外，我告訴自己，或許受傷了也說不定。

要知道我雙腿的敏感度不是太好。我感覺得到「我的雙腿在哪兒」，也可以感覺得到別人觸摸，但完全感覺不到冷熱或是疼痛。我的雙手因為力氣不足，無法在摔倒時作為緩衝，就算只是輕輕地摔一下，也有可能造成嚴重的撞擊，讓我極有可能在不自覺當中摔斷了哪裡的骨頭。

我還記得一個名叫傑利的偏癱病人。他在公園的時候，想要把輪椅推上一個高低落差不大的人行道，結果摔倒在地。由於他沒有任何感覺，因此以為沒什麼事，結果到了晚上脫下衣服的時候，才發現摔斷了膝蓋骨。他的膝蓋腫成了兩倍大，連褲子都脫不下來。

我在地上打哆嗦打了五分鐘之後，終於看見我們美麗的克莉絲蒂踩著瑞典強壯樵夫似的「輕巧」步伐回到了房間。她找來法畢斯幫忙，把我扶上了輪椅坐著。經過了約略的檢視之後，一切看起來都還好，我並沒有受傷。

克莉絲蒂的臉比往常還要紅。她不停地向我道歉，兩眼也不敢看我。我因為骨頭沒有摔斷，所以鬆了一口氣，而且完全沒生她的氣；在這種情況下，看到她萬般地責怪自己，我反而心生不忍。

「克莉絲蒂，沒關係啦，來吧，我們要去洗澡了！拜託你幫我拿刮鬍刀，今天，我們就來個大滿貫。你就來割斷我的喉嚨吧。」

26

這一天，當尚馬利說完「我要拉開百葉窗了」，他一拉開百葉窗，我便看見公園已經覆上了一層白。

季節的交替，能夠幫助我們意識到時間的流逝。我剛來到中心的時候，正值酷暑時節。我還記得那名在救護車上汗如雨下的護士。我也記得我的物理治療師方索瓦，在最早的幾次到我房間時，熱到脫下了他的白袍；當我一開始獲准坐著輪椅到戶外時，看見久違的陽光灑遍了整座公園。我也還記得，我的家人和朋友是穿著短褲和背心來看我……

這一切已經顯得遙遠。而從那時之後，也發生了許許多多的事情。

今天，白雪覆蓋了一切，我們因而沒辦法到外頭走走。我光是看見窗戶另一頭的風景，再想到一個半小時後得到游泳池去，就已經全身發抖。我感覺整個人懶到不行……一種安地列斯的懶——當史帝夫想要找夏洛特和法畢斯這兩個護理員吵嘴時，就會這麼說。

對大部分的人來說，只有在盥洗完畢、換好衣服吃早餐的時候，一天才算真正地開始。不過對我們來說，當我們完成那些事情，就已經耗費了極大的體力，只會累到想去睡覺。

只是不管怎麼樣，還是得去。我開始啟動一天的流程。尚馬利走近我的早餐桌，問我：「他昨晚睡得好嗎？」我很想這麼回答他：「他昨晚睡得很好，可是他受夠了你對他說『他』，因為一段時間之後，他就會覺得很煩。」不過，由於我沒有什麼精力能夠用鬥嘴開啟新的一天，因此我心裡只有一個願望，那就是尚馬利能夠不要說話，讓我吃完我的早餐。我於是簡單回答：「是的，尚馬利，他昨晚睡得很好。謝謝你。」

§

我聽見艾迪打著他特有的呵欠醒來——就是那種會吵醒整層樓的呵欠。我再也忍受不了這種呵欠！

吃完早餐之後，尚馬利在把我搬上那把洗澡輪椅的同時，問我：「他今天精神好不好？」我趕在皮耶與瓦樂莉向我推銷可清除地毯油污痕跡的產品之前，及時離開了房間。

一個小時之後，當我到了游泳池的更衣間時，諸聖早已經在壁掛吹風機的出風口前吹著熱風了。這一天，不管所有人再怎麼努力說服他做游泳治療，他依然故我地保持著他最愛的姿勢。

當我離開游泳池的時候，正巧遇見了一個偏癱女病人。她年約四十多歲，棕髮、身材瘦小，面容相當溫柔。我和她曾經在物理治療室聊過一次。那時，她告訴我，她因為車子在結冰的路面上打滑，所以出了車禍。

我：「早，你好嗎？」

她：「還好，就繼續努力囉。你呢？都還好嗎？不管怎樣，你沒有什麼不好的，我在物理治療室看到你雙腿活動的程度很不錯。沒有什麼好抱怨的！」

我：「呃……是的，當然了……」

我循著原路回房間，同時在心裡想著這句話：「沒有什麼好抱怨的。」她沒有惡意，所以我什麼也沒說，但是她的評論讓我有點昏頭轉向。我大可以回她說，首先，我並沒有習慣抱怨，不過要是我真要抱怨的話，我也會覺得自己的抱怨完全合情合理。我在滿二十歲的十五天前出的意外，讓我接下來的一輩子都不能再從事體育活動，而那正是我決定往後要從事的活動。在最好的情況下，我會和枴杖共度未來的六十年。

我也可以告訴她，在四十歲時出這種意外，總比在二十歲時好，不過算了，要是我們不再有權抱怨的話……

抱怨的權利。這讓我想起住在加護病房時，那個照顧我好幾個星期的夜班護理員。他是一個身材矮小、棕髮、年約三十多歲的男人，長得算是挺帥的——至少當他對著我的床把頭低下、對我說話時，我所看見的他是這樣的。每當加護病房的活動沒那麼繁忙，夜晚的氣氛平息了白日的紛亂，這個人就會來看我，對我述說他的人生。我應該是整間加護病房裡唯一一個意識有點清醒的人，他才會選我作為傾聽的對象。我當然沒辦法回話，可是他才不在乎。他想要的，是對我敘述他的煩惱。他告訴我，他整個人十分消沉沮喪，還說他和他的女朋友已經快走不下去了，他認為分手是唯一可能的出路，而且除此之外，他還有經濟問題，所以他應該得要跟銀行借錢……我的天！這個人竟然連續幾個晚上過來抱怨給我聽！我很想問他，到底是他太蠢，還是他沒看見我是什麼樣的狀況。我很想知道是什麼讓他認為四肢癱瘓、得依賴人工呼吸器的我，會是忍受他訴苦的理想對象？當然，我什麼都沒法表達，好幾個晚上都得聽這個年輕護理員說話，而他顯然就有抱怨的權利。

一直到現在，我以為我不會再想起這個人。這個回憶實在太超現實，令我不禁莞爾。

當我出了電梯，遇見阿瑪拉威先生時，想必我嘴上還掛著那個微笑，而我也當然想要繼續掛著那個微笑。當你面對阿瑪拉威先生時，你只能誠懇地微笑，表示你對他的真切好感。我想要和他說一下話，但又不大知道要說什麼，於是我笨拙地問他是否看見外頭的雪。他靦腆地對我微笑，低下了頭，用他那濃重的馬格里布移民後裔腔回答他看見了，但是他這一天不能外出。當他發動輪椅像是要提早結束談話之時，又說了：「今天，我要從窗外觀看時光。」

這句「我要從窗外觀看時光」，我低聲重複了好幾次。這個表達句非常迷人。我不知道他說的是與季節、寒冷、白雪相關的時光，還是流逝的時間。我不知道他說這句話，是因為他的法語說得不大好，還是他是有意識地運用一個美麗的圖像表達他心中有多麼地煩亂。

或許他要說的，正包含了那兩種「時光」的概念——我自己也是在這一早，因為發現下雪的季節到來，才明白來到這間中心已經好久好久了。我想，或許法語選擇以同一詞指稱這兩種觀點，並非是出於偶然。

我望著阿瑪拉威先生遠去的背影，同時告訴自己，他將永遠都會是個謎。我永遠都沒能成功得知他那如此哀傷的眼神背後，到底發生過什麼事。

我也發動了我的輪椅，繞到房間去導尿和吃藥，再下樓到餐廳去。

今天餐桌上的氣氛愉悅，彷彿白雪令我們神清氣爽，並且讓日常生活稍微輕鬆一點。

我們的胖胖護理員夏洛特，向我們敘述她前一天與一個瘦弱男子的糟糕約會。當然，餐桌上的每個人開始放話猛酸：那是勞萊與哈台、拳王泰森與彼得潘裡的小仙女、相撲選手與曲棍球選手……的約會。我們還趁勢想像起他們初次上床的情形……夏洛特放聲大笑。我其實不知道她笑的是我們的蠢話，還是前一晚真實發生的事情回憶。

緊接著克莉絲蒂在替史帝夫倒水時，在他的餐盤裡把一只玻璃杯摔破了。史帝夫說：「哎，克莉絲蒂，來，快殺了我們吧！反正遲早都會發生的，妳會一個一個地把我們全都殺光。省點時間吧！更何況這還是幫我們個大忙呢。」

史帝夫真的抓狂了，我們則是因為這樣笑得更開心了。

27

我離開餐廳，在交誼廳遇見法利德。他說他才剛出夏勒女士的辦公室，並且獲得本週結束便可離開中心的消息。

我替他開心，他終於能夠好好研究他的公寓與駕照。這兩者是激勵他出去的好計畫。

可是我心裡卻覺得很煩。這層樓氣氛可以如此愉悅，其中一個不可或缺的要素，就是我即將失去的這個夥伴；我也將失去夜遊的同伴，以及我的好哥們。沒了法利德，在中心裡的每一個月都不再相同。他不會想像得到自己對我有多麼重要。當然，我可以把這些想法全告訴他，可是像我這種混郊區、二十歲的小伙子，對於情感的表達是很克制的——於是，我只是淡淡地對他丟了這句話：「靠，你這個討厭的傢伙，我真的會無聊斃了！」

我們有些事情是不會說出口的。

法利德微微一笑，回答：「喔，別擔心，等你獲准離開這座苦牢之後，可以到我的公寓來看我。」

真好笑，我發現他說起這間中心，就好比說的是監獄。後來在與進進出出監獄幾次的人相處過後，我發現監獄與醫院的環境十分相似：同樣都是除了被剝奪自由幾個月之外，沒有其他的選擇。就算兩者對於自由的概念不盡相同，卻有著一種缺乏自由的相同感受。待在醫院就像待在監牢，除了等待，就是無聊得要死。尤其我們會在談及未來時，用到「出去」與「外頭」這兩個詞。一旦我們到了「外頭」，就可重新繼續真實的生活……

史帝夫與諸聖也到了交誼廳，和我們會合。諸聖自從離開更衣間和熱風之後，便戴上一頂大毛帽。他向我們宣布，前一夜他也與夏勒女士進行過每月會談。他說他與夏勒女士共同決定嘗試「三頭肌手術」。

約略來說（我也沒辦法談論細節），那是一種外科手術，目的在於讓一部分的三角肌（大部分的全癱病人依然健康的肩膀肌肉）取代三頭肌，讓手臂能夠做得到「伸展」這個十分有用的動作。

依據相同的原理，諸聖曾經接受過了將前臂的一塊肌肉移植到手部的手術，如此就能讓拇指與食指恢復「夾取」的功能（想要拿取、握住物品，就絕對少不了這個動作）。

對諸聖來說，那次的手術不算真正成功。他是能夠讓拇指與食指相併，然而「夾取」的力道卻很弱，所以只能拿重量輕的東西。

這種性質的手術，總是引發病人與其醫生，或是好幾個病人之間的激烈爭論。那真的是個困難的決定，因為嘗試這種手術，就等於接受永遠沒有自然恢復的可能性，更不用說這種手術的成功率並非百分之百。這種手術是最後的機會——而談論自己最後的機會，從來都不是一件容易的事。

史帝夫：「就算三頭肌的手術成功，如果什麼東西都拿不到的話，伸展手臂又有什麼用？」

諸聖：「你別亂講，那當然有用啊！我可以拿東西耶。我不能拿很厚重的書，可是我還是有能夠拿住的東西……當我能夠伸長手臂，最壞的情況之下，起碼可以賞你幾巴掌！」

諸聖這席嘲諷的話讓我們不禁微笑，此時，薩米雅突然進了交誼廳。我們瞬間停住了所有動作。薩米雅是站著的。她身體貼著輪椅，把輪椅當作是步行器。她速度極為緩慢地往前走，步伐一顛一顛的，非常不穩，但是她是站著的，她在往前進，她在走路。

我知道薩米雅的恢復情況不錯，可是我們因為復健治療的時間不同，再加上她在沒什麼事的時候，不大會和我們混在一起，因此我幾乎想像不到她會進步得這麼快。一個穿白袍的女人陪著她，想必是她那科的護理員。她臉上掛著淺淺的笑容往前走。從她的臉上，透露出辛勞與專注，以及滿足與驕傲。交誼廳裡人不多，但我知道每個人都在看著她。四周是一片完全的靜默。她的出現，就如天使降臨般的耀眼。

我不確定自己是否看了三個陪著我的夥伴一眼，還是出於我自己的想像，總之，我感覺法利德似乎真摯地微笑著；諸聖這個從未顯現出任何情感的人，好像也一臉無動於衷地盯著薩米雅看；而史帝夫的表情應該也變得凝重，我可以感覺到他的心裡除了訝異之外，絕對也有一點羨慕，或許甚至還有點嫉妒。

至於我呢，我只替她感到開心。我沒辦法和其他人有相同的感受。我沒辦法感到羨慕，勉強算是只有迫不及待的感受。她所能啟發我的，只有希望，因為我自己在接下來的某一天，也會像她一樣站著移動。

她的步伐並不好看，也不流暢，並且缺乏穩定度……她為了扶住輪椅，所以身體前傾，然而卻似乎像是漂浮在距離地面幾公分之處。

這是第一次，我看見中心的病人重新站起來走路。

28

彷彿薩米雅為我的命運增添了衝勁，就在那個午後，我的物理治療師方索瓦第一次建議讓我站在平行長桿之間，練習踏出第一步。我聽了他的提議，大感訝異。我不知道自己是否為此做好了準備。

為了進行這種練習，我的右腿套上了一件直接在我的腿部取模、量身打造而成的護具。這個塑膠製的輔助器具，把我的腳從腳跟底下包到了大腿最頂端。整件護具是固定式的，只有關節部分可以活動。未來幾個月，甚至是好幾年之中，每一次在我需要站起時，就得要先幫我穿上這件護具。方索瓦也是個優秀的心理師，他向我大力「鼓吹」這件護具的好。根據他的描述，與其把它視為每次想要站起時需要辛苦扛負的討厭東西，不如把它當作是我朝著自主跨出第一步時的盟友，或是不可或缺的夥伴。

§

這一天，我只在長桿之間來回各走了兩公尺。雖然這令我的身體、心理、情感皆相當疲憊，然而卻也是與方索瓦——這個讓我辛苦了好幾個月的人——共享的美好勝利。

最好笑的是，我第一次比方索瓦高。好長的一段時間以來，我總是從底下仰望著四肢健全的人，我都已經忘記自己的身高有這麼高。當我一站起來，地面瞬間離我好遠。

隔天，我並沒有走得更好；又過了幾天之後，我已經可以走到長桿的盡頭處再回頭，甚至可以來回好幾趟。好了，我正在走路了。我終於達到從復健當中獲得滿意收穫的階段。在此之前，我所有做過的嘗試原來都有其益處，並且也使我真正獲得進步，不過那是項枯燥、艱苦的工作，而且進展極度緩慢。

接下來的步驟，就是柺杖了。他們給了我兩根依照我身材調整過的柺杖。這兩根枴杖的顏色是深灰色的，我覺得看起來很有氣質。

這兩樣物品是恢復與希望的最終象徵。在這間中心裡，有的人有枴杖，有的人沒有。

在作為象徵之餘，還得學習如何使用。我們不能像靠著固定的桿子那樣地讓枴杖撐住我們身體的重量。一開始，這兩根枴杖拿起來就像羊毛一樣，根本沒辦法練習走路。過了一陣子，並且有了一點進步之後，我開始能夠駕馭它們，而且行走的距離也能從幾公尺進步到了幾十公尺。

某個午後，方索瓦精心策劃的路程讓我從走道步行到職能治療室門前。在那裡，香塔兒以一個大大的微笑，以及一大杯水迎接我。

當然，枴杖只不過是一種復健練習。我還是需要一個強壯的人在旁邊，在我失去平衡的時候可以及時扶住我。還有，我距離能夠從坐姿改成站姿還遠得很，因此除了物理治療課之外，電動輪椅依然是在長遠的未來歲月中，我唯一可以使用的移動工具。

在上某些讓我在走道上散步的復健課時，偶爾會遇見其他病人。現在，換成他們不可置信地看我站著，畢竟好幾個月以來，他們只看過坐輪椅的我。我自己也感覺得到一些沉默卻充滿期盼或是挫折的眼神。

我正處於一個非常好的循環之中，不但充滿動力，而且還獲得了明顯的進步。只是，艾迪的情況就完全不是這樣了。這種差別，讓我們難以同住在一起，也讓我因為有機會站起來而有罪惡感。由於我們復健的時間不同，所以從來就不曾在物理治療室碰過面，他自然不知道我已經開始走路了；我自己也不敢告訴他，甚至從來不把枴杖拿上樓。某一天，他因為聽見我與法利德之間的對話，終於還是知道了。他只問了一個問題：「他們給你枴杖了啊？」

我回答是的，然後我們之間就再也沒說起這個話題。

要怎麼和他分享這一切呢？艾迪正經歷一段糟透了的時期。除了身體狀況不見好轉之外，臀部還出現了焦痂，所以只能一直俯臥，最多也只能側躺。可是由於身體無法動彈，再加上遺傳體質的關係，儘管打了幾次抗凝血劑，他的腿部還是發生了靜脈炎，也就出現了血塊；要是血塊移動並且位置靠近肺部的話，就會十分危險。對癱瘓的人來說，這簡直是禍不單行，甚至根本就是倒楣透頂。艾迪在精神上也已經疲憊至極，他甚至要女友別再帶孩子過來。

有一天接近傍晚，我做完物理治療後，回到了房間。艾迪正趴在靠近床邊的擔架床上。外頭天色開始變暗，房間裡只有電視的亮光。艾迪當然沒看電視。他將頭埋進臂彎裡，背上蓋著飛行夾克。我第一次聽見他哭泣。

我試著設身處地想他的狀況：得日夜俯臥在床，禁止坐起、焦痂、靜脈炎、幾乎完全四肢癱瘓，沒有重獲一點點活動能力的希望、不能照顧日漸長大的兒子。

我想，我從來不曾近身接觸過如此深沉的悲傷與如此絕望的處境。

艾迪一定聽見我進門，但是我不敢開燈。我沒碰電視，也沒有試著說任何安慰的話語。這個世界上，任何慰藉的話語都不及他的痛苦。

這一晚，沒有什麼能夠安慰他。

29

我再次進到夏勒女士的辦公室：她決定讓我換一間中心。我已經二十歲，也該是重新進行智力活動的時候了。她於是提議讓我轉入一間有開設課程的復健中心。當然，並不是要我重拾學業（還需要做好幾個月的復健，仍舊是我的首要目標），而是上英文課、資訊課、歷史課或是科學課。我和她一起討論了之後，也覺得重新學習思考與專注於健康以外之事，確實是個好主意。

幾天之後，在某日清晨，有一輛適合載送體積龐大的電動輪椅的廂型車，前來載我參觀未來我要去的中心。外頭天氣很冷。克里斯——過了六個月，他才終於叫我法比安，而不再是賽巴斯汀——幫忙我穿上牛仔褲、厚毛衣、羽絨外套，再替我戴上一頂毛帽。他們將輪椅固定在車子後方的車內地板上，於是，我就這樣搭著一輛廂型車，由一位陌生人開車載我去一間陌生的機構和另一個陌生人見面。這一整串的未知，就有點像是我即將面臨的未來的寫照。我很好奇在另外一家中心會有什麼樣的際遇。自從我出事之後，除了待在加護病房的那個月──在那裡，你的大腦因為嗎啡與人工呼吸器而昏昏沉沉──我所認識的、知道的，就只有我的這間中心；我已經適應它了，熟悉它的每條走道、每項規則、每個成員。若換上一組不認識的護理人員共同進行每天早晨的梳理盥洗與私密護理，對我來說，實在是難以想像。一想到換中心這件事，我便覺得自己就像個年事已高的老者，因為自己的癖好習慣即將遭到打亂而惶然不知所措。

我想起那位第一個進到我房間的病人尼古拉，他會對我說「歡迎來到你家」，終究有其道理在。

我正要離開「我的家」，所以心裡有些發愁。

其實，我並不喜歡那家新的中心。那裡的空間比較小，而且感覺就像是我們中心的遜色複製版。雖然那裡的物理治療室有同樣的桌子、器材；浴室入口處有同樣的藍色塑膠擔架床、綠色洗澡輪椅；住房那層樓的房間，也同樣散發著一股揉合馬鈴薯泥與滅菌敷料的氣味……但仍然不是我的中心。

只是我依舊答應搬遷。因為我想要重新學習一些課程，我的復健也抵達了一個重大階段，整層樓只有我重新站起來，所以或許是一個為人生翻開新頁的好時機。況且法利德已經不在了。

在中心的最後幾個星期當中，日子如常度過，沒有特殊的情感，也沒有提早出現的感傷。時序繼續進入寒冬，而我也仍舊繼續賣力復健、繼續在步行練習當中，獲得像螞蟻步伐般的進展。

最後一天，我向每一個有機會遇見的人道別：職能治療團隊、物理治療團隊、我們這層樓的護理員與護士；在從餐廳回來時，我還遇見那位心理醫師。我以一個尷尬的微笑向她打招呼，當作是為了我們初次見面所發生的事向她道歉。

在即將離開的這個星期，我與法利德、薩米雅聊天，提前告訴他們我要走了，但是要離開的這一天，我並沒遇見他們。

我向我們這層樓的所有人道別，但是我並沒有撒謊說往後會與他們聯絡。唯一我答應會打電話聯絡的，只有諸聖。我們在抽菸室前最後一次碰面，互祝好運與互道加油。他告訴我，打從他第一次見到我，就知道我一定會度過難關。我不大知道該怎麼回答，只能要他好好照顧自己……我們互相微笑，沒有擁抱、沒有握手，兩人便在輪椅聲中分開，各自往不同的方向離去。

我訝異地發現，自己在離開這個讓我經歷過許多事情、重建自己人生的世界，竟然沒有酸楚的感覺。

我想自己是意識到在這場戰役中獲勝的機會尚是渺茫，且重建的過程只不過才剛起頭而已；我對自己即將到來或是往後的未來也時時抱持疑慮。於是，種種的感受，種種的擔憂，壓倒了離去時刻的任何一種情緒。

我的父母與女朋友都來了。他們替我打包行李。我向艾迪打了招呼，同時替他加油——就算我知道他不大能夠辦得到。接著，我最後一次穿越了這一層樓，往電梯的方向前去。我很高興能夠離開這裡，尤其是在搬進新的中心之前，我能夠在家裡——我「真正」的家——與家人共度幾天，如同一個重赴戰場前獲准休假的軍人。

30

儘管有幾個嚴重的後遺症，我還是很幸運地重新站起來，恢復完全的自主。我經常想起人生中這段不可思議的時期，尤其是我的那些難友。我知道或許除了薩米雅之外，其他人都還是坐著輪椅，而且也永久需要協助。他們一直都需要導尿、「換車」、洗澡輪椅、上直立課……這些種種，在那一年曾經是我的日常，但是他們卻得永遠面對。

在那之後，我換過三家不同的復健中心，然而卻不曾像那幾個月當中，感受到突然進入殘障世界的劇烈衝擊。我不曾再置身於聚集了如此多的不幸與生存欲望之處，也不曾再遇見如此大量的苦痛與精力、恐懼與幽默。那些人類之間對未來充滿不確定的緊密關係，我再也不曾感受過。

§

在出意外之前，我對這個世界一無所知，我甚至自問這個世界是否曾經真正出現於我的思緒當中。這個無論於我或是於我的家人、親朋好友，都屬辛苦的經驗，讓我在關於自己、關於存在（以及頸椎）的脆弱方面，學到了許多。今天，沒有其他人比我更能體會到，災禍不會只發生在他人身上；生命也不會視一個人的為善或作惡而決定發派悲劇與否。

不過，除了這些沉重的教訓與重要的論述之外，那個時期尤其留存我心上的，是在這間中心裡所看見的臉孔與眼神。這些，都是關於那些人的回憶，而他們在我寫下這些文字之時，每天依然繼續進行自覺毫無得勝之日的戰鬥。

若這段考驗讓我成長與進步，就得特別歸功於它賜予我的那些相識相遇。

31

離開那家中心一年半之後，我已經不再坐輪椅，也丟掉了兩支枴杖中的其中一支。我很快就考到駕照，並且與法利德決定一起去探望諸聖。他換到了阿爾卑斯山區的一間中心。我們在中心隔壁訂了一間可讓輪椅進出的客房，然後，我開著車載著法利德，準備給諸聖來個意外的拜訪。

中心四周圍繞著皚皚白雪，氣溫極為寒冷，我們於是猜測，不是諸聖對於寒冷的抵禦力變強，就是他真的過得太慘。

當我們一踏進他的房間，就立刻有了答案：他穿著一件高領厚毛衣，光禿禿的頭上戴了一頂毛帽，瑟縮於房間的一角。

當我們進了門，他盯著我們看了起碼十秒之後，才發覺是我們。他簡直不敢相信會再次見到我們。他在巴黎的朋友，都還沒有人到那裡去看他。我看得出他對於我們的造訪有多麼感動。他一再地對我們說，我們一定是瘋了，才會特地跑這麼遠來看他。

對我來說，在這個不同的環境當中與他重逢，感覺也挺奇妙的。因為諸聖的影像絕對是與我們那間中心連結，而非這間中心。那就好像我們把諸聖「複製／貼上」到了一個全新的世界，因為他整個人完全沒變：同樣打動人心的眼神、同樣誠摯的態度。而且他在他那層樓顯然已經有「粉絲」了，我也感覺到這間中心裡，有不少病人很崇拜他。

他做了三頭肌的手術。手術算是成功，除此之外，他的身心狀態就與我們分別那天時完全相同。我也覺得他還是一樣地漠然與聽天由命。

不管如何，我們還是笑笑鬧鬧地回想過去共處的時光，一同度過了愉快的兩天。我們彼此述說了自己的人生，就社會、政治等話題進行爭論（並沒有得到什麼太大的結論）。法利德甚至還在諸聖安排的腕力比賽中，與諸聖那層樓幾個腕力高強的人對決，最後贏得了比賽。分別的時刻很快就到了。我與法利德得開上好一段路才能回到我們的巴黎郊區。諸聖耐著寒冷，送我們到停車場。我們互相道別，並且承諾彼此保持聯繫。我從後照鏡看見諸聖坐著輪椅的身影孤伶伶地待在停車場中央，而後越變越小。

這是我最後一次見到他。幾個月之後，諸聖便因為心臟病發過世了。命運安排諸聖的人生自始至終都會是場悲劇。我與法利德很難相信這個事實。我們的心裡有多麼難過，就有多麼不解。我一直無法不去想他心臟病發作這件事的詭異之處，我認為或許有人沒把事實完全告訴我們。我沒有證據、沒有線索，當然也沒有理由那樣想，只是我經常告訴自己，或許諸聖決定一切到此為止。

除了諸聖與法利德之外，我幾乎很少再見到那段復健時期當中所遇見的人了，儘管我不是人相學家，但是對他們的面容與聲音，我依然記憶清晰。

我與方索瓦一直保持聯絡。他一直都還是那個讓我重新站起來的人。我也在回診時與夏勒女士再次見面。自從我不再是她的病人之後，她對我便多了笑容。

我沒再見過薩米雅。我也不知道弗烈德現在變成了什麼樣，而他的臉部肌膚又是如何了。

我也沒再見過史帝夫、艾迪、阿瑪拉威先生、荷西、亞藍、達路、理查、胖麥斯、艾瑞克還有其他人。雖然如此，在我的記憶當中，他們依然是一個個明確的主題，也是我所經歷的這段時光的象徵。存在的卑劣手段與不公，他們正是最佳見證。在我心中，他們永遠就像勇氣的偶像，只不過，此勇氣非彼英雄之勇氣，而是受到活下去的欲望所壓制、強迫，和激發而產生的勇氣。

——給諾耶勒與法利德

合適的希望

——歌詞，收錄於大肢病體專輯《B計畫》

沒錯，這肯定是廢話，誰會料想到這樣的遭遇？
我們的雄心壯志降了半旗，我們的未來仍被拘留。
如果智力真的是適應能力的話，
在某些情況下，它必須狡猾地發揮。
當背部壓著鐵砧，雙腳被束縛和臉上吹拂著逆風時，
熱愛生活、在冰上微笑，已經變得難上加難。
我們已經失去了第一輪賽局，但同一位玩家再次參賽，
命運賞了我們一記耳光，我們不會再給出另一個臉頰，
所以你必須發明，發明可以裝滿口袋的勇氣，
找一些別的事來提醒你不要錯過第二次複賽。
當然有幾種選擇，最後我們也做了選擇，

那就是接受這個立場，找到一個合適的希望。
所以當我們的遺憾逃離，我們必須仰起眼神，
我們將注視行動不便的目標，
在走廊的盡頭，將有光線聚集，
我們會試著以合適的希望去看待。

*

你能聽見我嗎？
我醒了，
你能看到我所經歷過的所有戰鬥嗎？
我的眼睛不說謊，
我會碰觸到亮光，
希望它指引我。

合適的希望是抵抗者相信的願望，
即使在敵對的環境也存在勝利，
是五個有點迷失的夥伴，仍然在試圖重新尋找方向，
是在兩個平行桿之間找到汗水的味道。
合適的希望是被打亂的希望，
因為我們的背已碰壁，沒有空間可以撤退，
作為一種生存本能，我們仍然想繼續前進，
在某件事的結尾，將有一件好事起頭。
沉溺於問號後，
我們將走出昏沉，有些人說這是復原，
在走廊的盡頭，將有光線聚集，
我們會試著以合適的希望去看待。

＊我試著放手，
試著釋放我的靈魂，
但卻失去了所有的朋，
還有我所有的恐懼。
我的身體展現了我所有的悲傷，
骨頭反映了我自身的道德，
現在我不需要任何東西，只要能感受到我跳動的心。
我會把握第二次機會，再次呼吸。

尋找希望而不忘記那些受創的人，
因為在這個尋找的行動中，我們並非全被安置在同一處，
如今我有了第二次機會，即使我能把它變得美麗，
但我時常悲傷想起去年聖誕節的那個微笑。

一個合適的希望是對他人的哀念，
再次微笑，不只是為了向我們的親友致敬，
還有那些在那裡的人，他們在精神和行動上都支撐著我，
還有那些生活遭受改變，為了使我的生活變得不那麼複雜的人。

*你能聽見我嗎？
我醒了，
你能看到我所經歷過的所有戰鬥嗎？
我的眼睛不說謊，
我會碰觸到亮光，
希望它指引我。

【訪談】

大肢病體：「幽默，是生存的課題。」

Q1 什麼原因讓你事隔十五年，才把你的經驗與大家分享？

A1 我其實也不知道。在我發生意外之後，一直想要把這個故事寫成一本書，我不想寫關於受苦、治療或是走出傷痛這類書，單純只是想要紀錄過程。可能是經過這十五年的等待才能讓我泰然處理這個主題。

Q2 一九九七年，當時在復健中心，他們告訴你父母：「你們的兒子再也沒辦法走路了。」你怎麼從這樣的情況得到力量漸漸康復？

A2 就身體和生理方面來說，我很幸運能快速地進步。意外發生前，我練習很多國際級高階運動，我很習慣消耗體力也有堅韌的毅力。意外發生後，有天早上，我成功移動了一下我的左腳大拇指，世界上很少人會像我一樣因為移動了腳尖就欣喜若狂！我持守著盼望。我很慶幸能夠受到主治醫師、物理治療師和職能治療師的全心看顧。

Q3 在恢復期間，你有嘗試改變自己的希望嗎？

A3 當然！成為殘障患者會讓人陷在悲傷裡很長一段時間。有些人恢復很多，有些人恢復一點，有些人則完全沒有進展。每一個殘障患者需要重新看待自己的殘缺，在他們生命的藍圖中找到一個「合適的希望」。按著他們的方式，按著他們的節奏。在「合適的希望」這幾個字中，最重要的就是「希望」兩字。

Q4 無論如何都要歡笑，這也是你作品中所挑戰的。面臨殘障，你拒絕悲傷主義，我們在這作品中得到許多歡樂。

A4 沒有什麼能讓我更開心！我喜歡自娛那些最痛苦的感受，並且把它轉化為詼諧的情緒。我沒有為我的專輯特別做什麼額外的事，常常在簡單字詞後接著而來的是另一個深深被打動的感受。這部作品所要展現的是很個人的主題，保有一些靦腆，這是我人生的精華片段。我討厭沉悶、矯情，或是太過戲劇化，我反而認為，它必須帶來歡笑。

Q5 雖然你和其他患者並不是甘願落於這樣的處境，但你仍能以幽默面對……

A5 「殘障幽默」的存在就像「猶太幽默」一般。在殘疾人中，他們距離「無用」和「違抗」很遠。在復健中心的那段時間，我很清楚的知道，幽默感是最重要的，這是一個關於生存的問題。我們必須為受苦的身體找到出路。

Q6 什麼契機讓你想要把你的自傳搬上大銀幕？

A6 在我書出版後沒多久。一開始，我並沒有想像要完成一部電影，但劇本和對白創作相當吸引我，因為我喜歡在文字上嘗試新的冒險。漸漸的，我栽進去了，也了解若要讓另一個人來替我寫腳本，是不可能的，尤其這又是一個很私密的故事。

Q7 在你的書中、電影對白，就像你的專輯一樣，徹底表現出你對於法文的熱情，這是源自於哪裡呢？

A7 我的童年。我媽媽是圖書館員，爸爸是公務員……我也被一些歌手的歌詞給深深吸引，像是喬治．巴頌、雅克．布雷爾、芭芭拉、查爾．阿茲納弗、讓．費拉，還有我的偶像之一——赫諾．塞尚。我從來沒有放棄青少年時期的熱情，還有小時候生活在嘻哈源起地聖但尼的童年，讓我成為饒舌樂迷。長大後，對於法國音樂，我仍然只喜歡饒舌樂。我的哥兒們都叫我「硬碟」，因為每首歌詞我都背得滾瓜爛熟。

Q8 你一直住在聖但尼嗎？

A8 不是。享受三十五年「良好的供養」後，我搬到巴黎。我是因為妻子才答應的，她是土生土長的巴黎人！她已經努力跟我住在聖但尼十年了，現在換我努力適應與她一起在首都生活。但我仍然鍾愛我的家鄉，若不是我妻子，我一定會在聖但尼住一輩子。

Q9 在你「享受良好供養」的三十五年裡，你是站在第一線觀察郊區困境的演變。

A9 最讓我無力的是媒體對於這些街區態度的轉變。當週刊大標題寫著「塞納河版莫倫貝克：聖但尼，日常的伊斯蘭恐怖主義」（《費加洛雜誌》，二〇一六年五月二〇日），媒體把聖但尼比喻成塞納河版莫倫貝克，我認為這是非常不負責任也相當令人氣憤的評論。我電影裡的一位演員就來自莫倫貝克——布魯塞爾有名的一個地區，卻愚蠢的淪為恐怖分子的巢穴。至於聖但尼，這地方有它的矛盾、問題，但也仍然有它的豐富和美麗。我沒有試圖要美化它，聖但尼確實存在苦難與犯罪，但在法國，不只有這一個案例，只是長久以來，聖但尼常被當作嘲笑的對象。

Q10 在你的作品中，你讚揚族群融合？

A10 我喜歡意想不到的結合。在我的專輯中，我喜歡與饒舌歌手或是與查爾·阿茲納弗一起錄製重唱。所以在我的作品中，我也將這個喜好呈現出來。在復健中心和一般生活並沒有太大差別，一樣有白人、黑人，和馬格里布移民後裔。這些特色並沒有成為他們的阻礙，因為他們在同一條船上學著一起生活、交談。我在多元文化並存的聖但尼長大，這對於我作品所表現的價值有很重要的影響。

Q11 你怎麼定義這「價值」呢？

A11 和睦、團結、包容。用一個字來說就是「人」，講起來有點天真，但活在這個生活緊張的世代，更讓我相信這一點的重要。現在的人往往被數字和盈利壓得喘不過氣，當知道一個大企業每年有數十億的營收，但卻深陷在忙碌與空虛裡……這真的讓我備感衝擊，也感到惋惜。

Q12 那你覺得這二十年來，大家對於殘障患者的看法有改變嗎？

A12 這個社會在二十年來有改變嗎？當人們第一次見面，你不過就是個殘疾人士。你沒有故事，沒有特別之處，你的殘缺就是你的身分（特別是在輪椅上時）。殘疾的狀況是如此醒目，以致於完全隱藏了身為人類的本性。

在法國，對於輪椅使用者上下交通工具、工作環境、文化等問題，遠遠落後其他國家。這樣的結果讓他們難以進入公眾空間，只能住在被保留的地方——療養院或是復健中心——所以他們少有機會與人相處，導致他們對彼此也無法適應。這件事應該要積極獲得處理，從小學開始，允許孩子與有殘障、視障的同學一起生活……在這年紀，一切都會很自然。

Q13 為什麼二〇〇六年你會朝歌詞及詩喃音樂（slam）發展？

A13 我發現透過這媒介正好可以抒發我的想法、我的感受、我的情緒。一首詩喃，就是一段二至三分鐘的故事，很個人的文字，多愁善感，反映社會問題。我從事創作詩喃大約十年了，現在我也發現別的讓我感興趣的媒介，就是書籍和電影創作。

Q14 你在〈第六感〉歌詞中寫「現實決定，決定它是否對我們有意虐待」，可以說明一下嗎？

A14 有時我們可以掌握現實，有時又不是那麼有把握。現實往往突然出現在我們眼前，有好有壞。我試圖讓它更振奮也更愉悅。人類是脆弱的，一瞬間就可能遭逢巨變。

Q15 這些是讓你繼續活下去的動力嗎？

A15 我沒有太高估我自己。在意志力方面，我談到我想繼續帶著殘缺活著，就像是第六感。接觸過半癱、全癱、頭部受創、截肢、燙傷的傷患後，我注意到他們的勇氣，那是一種近乎接受、被迫、不得不的勇氣——他們沒有選擇。每分每秒，無論如何每一天他們都得生活。去接近其他人，會讓你找回微笑與目標。我從來沒有經歷過這樣的環境，這麼多痛苦與能量，這麼多悲慘與幽默。打不倒你的，必會使你更強大。

Q16 你二十歲的夢想是什麼？四十歲的夢想又是什麼？

A16 我用這本書改編拍成的電影——《Patients》（編注：台灣上映的電影名稱為《步步為贏》）並沒有真的說出我二十歲的夢想。在書裡我寫了一點。這件事我無法說出來。

至於四十歲，我沒有夢想，但是有了些計畫：出新專輯，隨後巡迴演出，再和梅迪·伊狄爾完成一部電影。梅迪是《Patients》的共同導演，我們很想再一起合作。這部電影讓人覺得幸福，在藝術上具挑戰性、人性化，一個令人難以忘懷的經驗。我發現拍電影是項集體活動，我真的很想再拍一部！不過我討厭重複，所以不會是拍《Patients 2》（《步步為贏 2》）（笑）。

Q17 你在舞台、書市、影壇都有很好的成績。如果有一天你變成「大肢痊癒」會怎麼樣？

A17 不可能。你看到我的拐杖了嗎？我很幸運能夠站立與自主生活，但是到麵包店，還是一個考驗，這對大部分的人可是輕而易舉。有時候會有人勇敢的問我，這場意外是不是讓我成為藝術家的契機？我的回答，就只有一個「不」字。我很享受創作，但是我不可能忘記我身體上的殘缺。

Q18 無論發生什麼事，你都會保持「我微笑入睡，我睡得安詳」的人生哲學嗎？

A18

我盡量保持這個狀態。但我不是每天都欣喜若狂的睡去！就像其他人一樣。我活在複雜的事件中，我看見發生在我周圍的不幸，我沒辦法自我隔離在泡泡裡！但我是樂觀積極的人，我看見玻璃杯是半滿而不是半空的，而且我很慶幸能夠有這樣的心態，使生活有足夠的平靜。

——節自《巴黎人雜誌》&
法國慈善機構 Apprentis d'Auteuil 專訪

木馬文學 133

我要再次享用生命

Patients

作　　者——大肢病體（Grand Corps Malade）
譯　　者——黃琪雯
社　　長——陳蕙慧
副總編輯——簡伊玲
責任編輯——王凱林
行銷企劃——李逸文・闕志勳・廖祿存
校　　對——陳佩伶
封面設計——蔡惠如
排　　版——簡單瑛設

社　　長——郭重興
發行人兼出版總監——曾大福
出　　版——木馬文化事業股份有限公司
發　　行——遠足文化事業股份有限公司
地　　址——231 新北市新店區民權路 108 之 4 號 8 樓
電　　話——(02)2218-1417
傳　　真——(02)2218-0727
E m a i l——service@bookrep.com.tw
郵撥帳號——19588272 木馬文化事業股份有限公司
客服專線——0800-221-029
法律顧問——華洋法律事務所　蘇文生律師
印　　刷——中原造像股份有限公司
初版一刷　2018 年 10 月
定　　價　新台幣 300 元
I S B N　978-986-359-595-3

Cet ouvrage, publié dans le cadre du Programme d'Aide à la Publication «Hu Pinching», bénéficie du soutien du Bureau Français de Taipei.
本書獲法國在台協會《胡品清出版補助計畫》支持出版。

國家圖書館出版品預行編目（CIP）資料

我要再次享用生命 / 大肢病體（Grand Corps Malade）著 ; 黃琪雯譯 . -- 初版 . -- 新北市 : 木馬文化出版 : 遠足文化發行 , 2018.10

面 ; 公分 . -- （木馬文學 ; 133）

譯自 : Patients

ISBN 978-986-359-595-3（平裝）

1. 身心障礙者　2. 自我實現

548.25　107015730